SHODENSHA
SHINSHO

天下人の父・織田信秀

——信長は何を学び、受け継いだのか

谷口克広

祥伝社新書

はじめに

織田信長《おだのぶなが》と言えば周知の通り、日本史に大きな足跡《そくせき》を残した人物である。しかし、振り返れば、歴史上の人物のなかで、彼ほど時代によって評価の振幅《しんぷく》が大きい者はいない。第二次世界大戦後から長い間、信長に対する評価は定着していた。中世的権威の破壊者、近世の開拓者、それどころか「革命家」と呼ばれることさえあった。一般の歴史ファンばかりでなく、学界ですらも「改革者」という像が、ほぼ定着していたのである。

しかし近年、信長の評価は変わりつつある。信長はけっして古い権威を否定しようとしていたわけではなく、仏教保護に努《つと》めていたし、朝廷とも融和《ゆうわ》関係にあった。経済政策や家臣統制を見ても、独創的なものは少ない。総括すれば、信長は必ずしも革新的な為政者《いせいしゃ》と評価されなくなってきたのである。

このように、時代とともに大きく異なる評価を受けてきた信長だが、彼が群雄割拠《ぐんゆうかっきょ》の戦国の統一を進め、全国統一の直前までいったことは厳然たる事実である。信長をして、そのような難事業をなさしめたのはなんだったのか。

やはり彼が、戦国武将たちのなかで卓越した能力の持ち主だったから、と考えざるを得ない。そして、その能力から生み出された的確な政略が、あれほどの大業《たいぎょう》をなさしめたことはまちがいなかろう。

では、具体的にはどのような能力だったのだろうか。一口《ひとくち》に言うと、それは徹底した合理主義であり、現実主義である。基本的には、時代を超越した合理主義的精神を持ちながらも、現実を見据《みす》えつつ、古い権威とも融和を図《はか》っていく――史料から読み取れる信長は、このような政治家である。

そのような政治姿勢を、彼はどこで学んだのだろうか。実は、もっとも身近に格好の見本が存在した。父信秀《のぶひで》である。信長の父信秀は、尾張守護代家臣《おわりしゅごだい》の身分から短期間のうちに尾張随一の実力者に伸《の》し上がった、戦国の出世大名の一人である。四〇歳あまりで没《ぼっ》したが、それでも信長の青年期まで生きていたから、息子に与えた影響力は無視できない。

信秀に関する史料は乏《とぼ》しいが、その少ない史料から垣間《かいま》見られる事績《じせき》から考えれば、戦いに際しての戦略といい、分国《ぶんこく》内の経済政策といい、古い権威への対処方法といい、信長と共通しているものが感じ取られる。信長は、多分《たぶん》に父信秀に倣《なら》った形で政略を推《お》し進め、そして最後、それを乗り越えていったのではないか、と思われるのである。

本書は、信秀から信長へと政略が受け継がれていく様子をテーマにした。本論は、五章に分けて叙述している。

第一章と第二章は、信秀を中心に述べた章である。信秀がいかにして内外の敵勢力と対《たい》峙《じ》して勢力を伸ばしていったかについて、まず知っていただきたい。

第三章は、信秀・信長父子両方が主役を務める。家督《かとく》信秀から、後継予定者信長がもっとも学んだと思われる時代のことである。

第四章は、信秀没後の織田弾正忠《だんじょうのちゅう》家の家督争い、つまり信長と弟信勝《のぶかつ》（信行《のぶゆき》とも）との戦いが中心に描《えが》かれている。信長の尾張平定《へいてい》までの苦労について、理解していただきたい。

第五章は、本書のテーマである信長が信秀から学んだと思われることについて、事項別にまとめた章である。そのまま取り入れたこと、成長とともに超《こ》えていったこと、結局は否定してしまったことを、筆者なりに分析してみた。

そのテーマについて、さらに簡略にまとめたのが終章である。

目次

第二章　信秀の合戦と政策

第三章　父信秀のもとの信長

第四章　信秀の後継をめぐる争い　145

第五章　信長が受け継いだもの

本文デザイン
盛川和洋

図表作成
篠 宏行

写真出典　※数字は掲載ページ(以下同じ)
『特別展 信長—岐阜城とその時代』(岐阜市歴史博物館編)／113

写真提供
一般財団法人 太陽コレクション／57
大阪城天守閣／233
岐阜市歴史博物館／185
建勲神社／145
万松寺／19

序　斎藤道三《さいとうどうさん》に敗北して……

天文《てんぶん》十三（一五四四）年十月のこと、当時連歌《れんが》界の最高の宗匠《そうしょう》とされていた谷宗牧《たにそうぼく》は、伊勢《いせ》の路《みち》を桑名《くわな》の港へと向かっていた。息子の無為《むい》（のちの宗養《そうよう》）たち数人をともなった一行であった。桑名から川船に乗って尾張津島《つしま》まで行き、そこから陸路で那古野《なごや》まで赴《おもむ》こうという予定なのである。

彼は、那古野に重要な用件を仰《おお》せつかっていた。ほかでもない、なんと勅使に代わるという仕事である。織田信秀という成り上がりの大名と会って、朝廷から預かった手紙と礼《れい》物《もつ》を手渡すという用事であった。

宗牧は不安にかられていた。それは、信秀と初対面だという心細さだけではない。旅の途中で入った情報によると、九月下旬、信秀が美濃稲葉山城《みのいなばやま》を攻めて敗北。しかも無残な敗戦で、命からがら尾張に逃げ帰ったというのである。朝廷の使いとはいえ、そんな時に信秀は会ってくれるのだろうか。たとえ対面できたとしても、どのような態度で接するだろうか。宗牧の足取りは重かったに違いない。

この時の宗牧の旅は元来《がんらい》、目的地のはっきりしたものではなかった。はるか二〇年も前のこと、師匠宗長《そうちょう》の伴《とも》をして駿河《するが》まで行った懐《なつ》かしい思い出がよみがえった。老境に臨《のぞ》んでその跡《あと》をたどりながら東方へ向かってみよう、と思い立ったのである。つまり、もともと純粋に私的な旅であり、はじめは桑名から船で三河《みかわ》まで行く計画を立てていた。ところが、出発前に思わぬことが起こる。

この前年、尾張の大名で那古野城主の織田信秀が、皇居修理のためと称して、四〇〇〇貫《がん》（一貫《かん》＝一〇〇〇文《もん》＝約一万二〇〇〇円）もの大金を献上してきた。困窮をかこっていた皇室としてはこれに勝《まさ》る喜びはない。

今後のこともあるから、ぜひ礼状と、しるしばかりの礼物を下賜《かし》したいのだが、勅使を送るには多額の出費がかかる。そこに、ちょうど連歌師宗牧が東国に旅行するとの噂《うわさ》が届く。そこで朝廷は、権大納言《ごんのだいなごん》広橋兼秀《ひろはしかねひで》を通じて、礼状の女房奉書《にょうぼうほうしょ》と礼物の古今集《こきんしゅう》写しを宗牧に託すことを考えたのである。宗牧の気楽な私的旅行は、にわかに仰々《ぎょうぎょう》しい公的旅行になってしまったわけである。

◆

話を、天文十三年十月に戻そう。不安にかられた宗牧は、まず信秀の現在の意向を確かめようと、一人の従者《じゅうしゃ》を那古野の平手政秀《ひらてまさひで》のもとへ派遣した。平手は信秀の家老である。前年の費用献上の時、使者として上京しており、宗牧とも面識のある人物である。

数日後に届いた平手からの返事には、次のようにあった。

確かに、敗戦で楽しまない気持ちの時ではあるけれど、信秀の意向としては、ともかく早く来ていただきたい、とのことです——。

ほっとした宗牧は、予定通りに桑名から津島へ行き、十一月、那古野に到着した。平手がわざわざ迎《むか》えに出ており、今日の寒さは格別なのでまず手を暖めよ、口を暖めよ、湯風呂はどうか、石風呂《いわぶろ》はどうか、と気を遣《つか》ってくれた。その日は平手の邸宅で旅の疲れを癒《いや》した。

翌日、宗牧は朝食前に那古野城に登城《とじょう》した。那古野城は、六年前に信秀が今川氏豊《いまがわうじとよ》から謀略で奪《うば》い取った城である。交通の要衝に位置し、武家屋敷や市場《いちば》・町屋《まちや》が広がるなかにある、堂々たる城郭《じょうかく》だ。

宗牧と面会した信秀は、なんのこだわりもないように見えた。宗牧はまず、朝廷から預かっていた女房奉書と古今集を渡す。信秀はそれを受け取ると、感慨深い様子で、次のように言った。

「このたびの戦いは、さんざんの負け戦《いくさ》でした。しかし、私はなんとか命を長らえることができました。あの時命が助かったのは、まさにこれを受け取るためだったのだと思います。弾正忠《だんじょうのちゅう》家の名誉、これ以上のことはありません」

その態度には、敗北に沈む気色《けしき》などまったく見られない。信秀はさらに言葉を続けた。

「そのうち斎藤道三を負かして、美濃を思い通りにするつもりです。そのようになったら、再《ふたた》び皇居修理の命令を下《くだ》していただきたい、と朝廷にお伝えください」

宗牧は、「武勇の心きわ見えたる申されよう［武人としての決然とした様子の話しぶり］」に感服《かんぷく》したと記している。

※［　］内は筆者注および解（以下同じ）

この後、宗牧は遠慮して返事の手紙をもらうだけで、早々《そうそう》に那古野を離れることを申し出た。しかし、信秀は承知しない。せっかくの来訪なので、連歌会を開催したいと言う。会場を平手邸と決め、すぐに一族や国人《こくじん》たちに使いを飛ばし、無事に連歌会も催《もよお》された。

◆

宗牧たち一行は、手厚い信秀の接待によって、思いがけず、二〇日あまりの充実した時を過ごした。その後、宗牧は京都に帰ることなく東国への旅を続け、翌年九月二十二日に下野《しもつけ》で病死した。しかし、尾張で信秀に歓待されたことは、彼にとって心温《あたた》まる思い出になったであろう。

第一章

織田信秀の台頭

織田信秀木像。信秀が織田家の菩提寺《ぼだいじ》として建立《こんりゅう》した万松寺《ばんしょうじ》所蔵

第一節　信秀までの織田氏

尾張《おわり》織田氏の登場

信秀・信長を生んだ織田氏の祖先は誰なのだろうか。それ以前に、織田氏とはいかなる氏族なのだろうか。それを探る手っ取り早い方法として、まず系図を探ってみよう。

織田氏の系図は、『続群書類従《ぞくぐんしょるいじゅう》』に収められている『織田系図』をはじめとして、全国に多く伝わっている。それらの系図では、共通して織田氏の先祖を平重盛《たいらのしげもり》の二男資盛《すけもり》にしている。そして、おおむね次の経緯が語られている。

資盛は一族とともに壇《だん》ノ浦《うら》に沈んだが、愛妾《あいしょう》の一人が都《みやこ》で密《ひそ》かに資盛の子を産んだ。その子がのちの親真《ちかざね》である。母子は近江津田郷《おうみつだのごう》に逃《のが》れ、母はその地の豪族と再婚、親真は連れ子として育てられる。ある時、越前《えちぜん》織田荘《おたのしょう》の神職《しんしょく》の者が津田を訪れ、親真を養子にして越前へ連れて行った。親真はのちに神職を継《つ》いで、そこに永住した。そして、織田姓となった流れをずっと記して、十六代目の子孫が信秀ということになっている。

系図という史料は、一部の名門を除《のぞ》き、大部分は江戸時代に作成されたものである。それらは、必ずよく知られた氏族か人物を祖先に持ってきている。祖先が平資盛ということは、すなわち平清盛《きよもり》の流れということになる。まさに、捏造《ねつぞう》系図の典型と言えよう。

しかし織田氏の場合は、他の新興の家とはすこし事情が違う。それは、信長の在世中から、「織田氏は平氏の流れ」という認識が世間にあったことである。

信長が将軍足利義昭《あしかがよしあき》を追放した二カ月後、すなわち天正《てんしょう》元（一五七三）年九月、岐阜を訪れた老僧兎庵《とあん》は、その旅日記『美濃路紀行』のなかで、次のように記している。

「源氏の権柄《けんぺい》［権力］の漸々《ぜんぜん》その勢《いきおい》のおとろえぬべき時もやめぐり来にけむ。天《あめ》が下《した》信長公《こう》になびかぬ草木もなき有《あり》さまは、先代にもそのためしいまだきかざりし事なり。その本系をたづぬれば、小松《こまつ》のおとど［平重盛］第二の後胤《こういん》なれば、暑往寒来《しょおうかんらい》ことわりにて、今四百年のあと立《たち》かえり、平氏の再び栄《さか》ゆべき世《よ》にやとおぼえて（下略）」

つまり、源氏の足利氏が衰《おとろ》えて、平重盛の二男資盛の子孫である信長の世を迎えた、と言っているのである。

では、織田氏が平氏というのは本当なのだろうか。

実は、まったく根拠のないことなのだ。信長の初見《しょけん》文書である天文十八（一五四九）年十一月付けの熱田《あつた》八カ村あて禁制《きんぜい》では、「藤原《ふじわら》信長」と名乗っているし、同族の者たちの文書を見ても皆「藤原」と称している。つまり、織田氏は元来、藤原氏とされていたのである。

それが平氏を称するようになったのは、信長が源氏の足利将軍を追放したため、源平《げんぺい》交代思想にもとづき、平氏をアピールしたかったという事情にすぎない。

平資盛の忘れ形見《がたみ》が越前に移住したというのは創作だが、織田氏が越前の神職の出《で》であることは、かなりの信憑性《しんぴょうせい》がある。それは、丹生《にゅう》郡織田荘にある織田《おた》劔《つるぎ》神社を、信長が自分の「御氏神《おんうじがみ》」として、格別に保護していたことからも推測できる（『劔神社文書』）。

その織田劔神社に、明徳《めいとく》四（一三九三）年六月十七日付けの織田信昌《のぶまさ》・将広《まさひろ》連名の置文《おきぶみ》が伝わっている（『劔神社文書』）。

内容は、二人が同神社を修理したことを述べ、今後課役《かえき》を免除して保護することを誓約したものである。文頭に「信昌嫡男《ちゃくなん》兵庫助《ひょうごのすけ》藤原将広」とあるから、発給者の二人は父子関係にあり、藤原氏を本姓としていたことがわかる。さらに続けて、「寺社興行の志といえども、奉公《ほうこう》隙《ひま》なきの間」とあることから、彼らが主君持ち、おそらく越前守護の斯波《しば》氏に仕《つか》えていたことも推測される。

織田荘支配や織田劔神社との深い関係から見て、こののち尾張に移って守護代《しゅごだい》を務める織田氏と同族であることは、ほぼまちがいないと思われる。

織田氏の主君斯波氏は、足利一門の最有力の家である。このあとに起こった応永《おうえい》の乱で幕府に尽力した褒賞《ほうしょう》として、応永七（一四〇〇）年、尾張守護に補任された。斯波氏はこれで、信濃《しなの》・越前・尾張三カ国の守護を兼ねることになる。それに従って、織田氏の惣《そう》領家《りょうけ》（一族を統率する家）は本拠地を尾張に移して、守護代の地位に就《つ》いた。

十五世紀はじめ、織田常松《じょうしょう》という守護代が登場した。守護代は通常、京都で守護の傍《かたわ》らに仕えているため、在地では、家臣の又《また》守護代（略して又代《まただい》）が政務を取り仕切る。守護代常松の時代、常竹《じょうちく》という者がその地位に就いている。そして、常松—常竹のコンビは約三〇年間、尾張を実質的に支配するのである。

守護代家《しゅごだい》の分裂

十五世紀も後半に入ると、室町幕府の威勢は弱まり、応仁《おうにん》・文明《ぶんめい》の乱が起こる。織田氏の主君である斯波氏の家督《かとく》争いも、この乱の一因であった。斯波氏が二方《ふたかた》に分かれて戦うち、織田氏もふたつに分裂した。伊勢守《いせのかみ》家と大和守《やまとのかみ》家である（図表1）。

伊勢守家は常松の子孫であり、代々《だいだい》守護代を務めてきた家である。岩倉《いわくら》城を本拠地にしている。この伊勢守家が織田家の嫡流《ちゃくりゅう》なのだが、応仁・文明の乱が中央でほぼ収まった頃、支流から織田大和守敏定《としさだ》という人物が登場、幕府の支持を得て、伊勢守家に反抗する。そして、幕府は、彼を伊勢守に代わって守護代に任命した。伊勢守家と敏定との戦いはしばらく続くが、そのなかで、敏定は尾張二郡の支配権を獲得する。のちに岩倉城の伊勢守家が上《かみ》四郡、清須《きよす》城の大和守が下《しも》四郡支配という分担が形づくられるが、その第一歩はこの時なのである。その後、敏定は次第に勢力を増し、尾張随一の実力者に成長していく。

応仁・文明の乱が終息してからもなお続いていた尾張の擾乱《じようらん》は、なんとか落ち着きを見せた。文明十四（一四八二）年七月十三日のこと、守護代として尾張全域を治める敏定は、清須城内で日蓮《にちれん》宗の法論《ほうろん》を闘《たたか》わせる。

当時、尾張の日蓮宗徒たちの間に争いが生じていた。甲斐《かい》の久遠寺《くおんじ》派と京都の本圀寺《ほんこくじ》派による本末《ほんまつ》をめぐる論争である。敏定は清須城に両派の僧侶を招き、数千人もの檀徒《だんと》の前で法論を行なわせた。『本国寺志』に法論の様子や経過が詳しく語られているが、その展開や結果について、ここでは取り上げない。注目されるのは、判者《はんじや》や奉行《ぶぎよう》を務めた織田一族の面々《めんめん》である。

図表1　尾張の支配体制

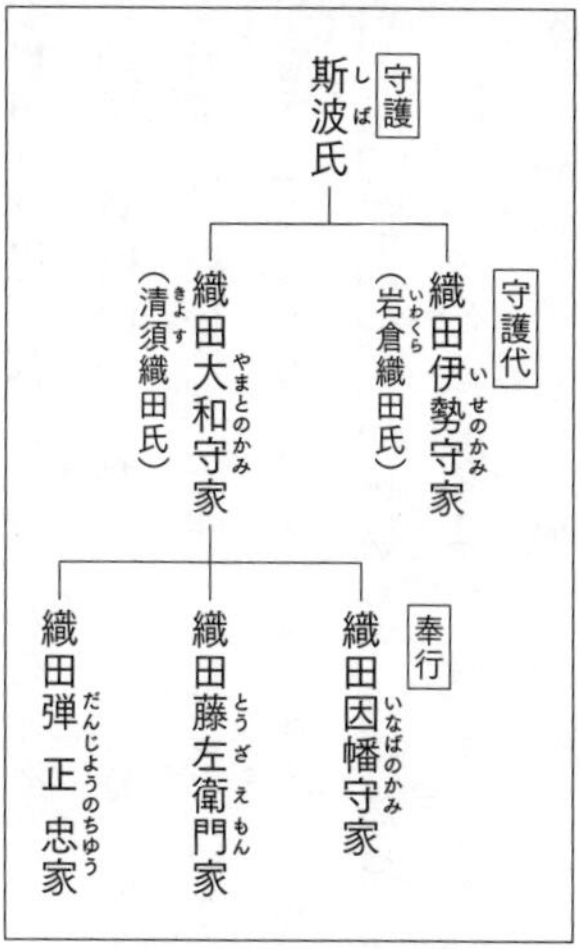

織田左京亮《さきようのすけ》広長《ひろなが》、織田弾正忠良信《すけのぶ》、織田又七郎《またしちろう》良縁《すけより》、織田次郎左衛門尉《じろうざえもんのじよう》広貞《ひろさだ》。この者たちは、敏定の家臣ないし勢力下にある者たちであろう。彼ら敏定の家臣のなかで、弾正忠良信という名を記憶しておいてほしい。彼こそ信秀の祖父、すなわち信

長の曾祖父《そうそふ》と思われる人物だからである。

その頃、幕府の力は衰え、諸国では下剋上《げこくじょう》の風潮が表われつつあった。平和な時期は長く続きはしない。十五世紀末には、将軍自《みずか》ら六角《ろっかく》氏を討伐のため出陣するという異例の事態が二度もあり、敏定も軍勢を率《ひき》いて参加した。それぱかりではない。尾張内部でもまた、織田氏の内紛が再燃したのである。もちろん、岩倉の伊勢守と清須の敏定（大和守）との争いである。そこに、隣国美濃の守護土岐《とき》氏の家督争いがからみ、戦いは広がり、かつ長引《ながび》くことになる。

十五世紀の織田氏はこの通り、戦いに明け暮れて十六世紀を迎えるのである。

十六世紀初頭の尾張

十五世紀から十六世紀にかけては、室町幕府がもっとも不安定な時期であった。端的に言えば、将軍が二人いて争っていた時期である。その争いは、尾張も含めた多方面に大きな影響を与えた。事《こと》の発端から話そう。

明応《めいおう》二（一四九三）年四月、管領細川政元《かんれいほそかわまさもと》は、将軍義材《よしき》（のちの義稙《よしたね》）が河内《かわち》に出陣した留守にクーデターを起こし、義材の従兄弟《いとこ》にあたる清晃《せいこう》（義遐《よしとお》、のちの義澄《よしずみ》）を還俗《げんぞく》させて新しい将軍に立てた。義材は抵抗できず、いったん幽閉の身になるが、その後京都を抜け出して越中《えっちゅう》まで逃れ、打倒義遐・政元を掲《かか》げて味方を募《つの》ったのである。そして、味方を増やした義稙は、政元の死後に再び将軍位に就《つ》く。

このような中央における変動を横目で見ながら、尾張守護斯波義寛《よしとお》、その子義達《よしみち》は、素早《すば》い変わり身で事態を乗り切っていった。岩倉の伊勢守家、清須の大和守家の地域分担も次第に定着したのか、しばらく争いは起こらなかった。

伊勢守家のほうは、永正《えいしょう》元（一五〇四）年に寛広《とおひろ》が密蔵院《みつぞういん》に寄進《きしん》してから、天文十三（一五四四）年に寛近《とおちか》が美濃立政寺《りゅうしょうじ》に禁制を掲げるまでの四〇年間、確かな消息がわからない（『密蔵院古文書』『立政寺文書』）。

それに対して、大和守家のほうはある程度の動きがわかる。十六世紀初頭、守護家で義寛から義達へ家督の移動があったのとほぼ同時に、大和守家でも寛村《とおむら》から達定《みちさだ》へと家督が引き継がれたらしい。達定は、尾張で勢威をふるった敏定の孫と思われる人物である。

さて、守護斯波義達と守護代織田達定、この二人は、尾張に新たな騒動を起こしてしまう。義達には、ひとつの悲願があった。それは、父義寛が失った遠江《とおとうみ》を今川氏から取り戻すことである。義達は永正七年以来、何度も遠江に遠征を繰《く》り返したが、こうした無理な軍事行動が重なることにより、守護代達定ら尾張の国人との折り合いが悪くなっていったようである。ついに、両者は衝突する。

「永正十年五月五日のこと、尾張の国において、守護の斯波義達が織田達定と合戦になり、達定が殺された。その家臣も三〇人あまりが戦死した」（『東寺《とうじ》過去帳』より意訳）

国内では守護代らの反対勢力を鎮圧した義達だったが、その四年後、またも遠江に遠征し、敗れて捕虜《ほりょ》になってしまう。足利一門ゆえ一命は助けられたものの、剃髪《ていはつ》を強《し》いられ、僧形《そうぎょう》のまま、尾張に召還されるはめになるのである。

このような形で、守護代達定は守護義達に逆《さか》らって死んだが、大和守家が取り潰《つぶ》しになったわけではない。達定の跡は達勝《みちかつ》が継いで、やはり守護代の地位に就く。達勝は、永正十三年十二月一日付けで妙興寺《みょうこうじ》に寺領《じりょう》等を安堵《あんど》した判物《はんもつ》を初見として、なんと三十数年もの長い間、守護代の地位を守っていることが確かめられるのである（『妙興寺文書』『加藤文書』『密蔵院文書』）。

織田良信《すけのぶ》・信貞《のぶさだ》

達勝の守護代在職期間は長かったが、彼が尾張で強い権力をふるい続けていたわけではない。むしろ、その間に守護代権力は衰え、その家臣であったいわゆる「三奉行」、とりわけ弾正忠家の勢力が目立っていく。

永正十三（一五一六）年十二月一日付けの達勝の発給文書と同年月日付けで、やはり妙興寺にあてた三人の連署状《れんしょじょう》がある（『妙興寺文書』）。達勝の安堵を受けて出した奉書《ほうしょ》であり、達勝判物の副状《そえじょう》である。そこに連署しているのは、「信貞《のぶさだ》」「良頼《よしより》」「広延《ひろのぶ》」の三人である。妙興寺所蔵の案文《あんもん》には「織田弾正忠□□」「織田築〔筑《ちく》〕前守《ぜんのかみ》良頼」「織田九郎《くろう》広延」とあるので、彼ら三人の官名・称呼《しょうこ》がわかる。

このうちの「弾正忠」＝「信貞」は、各所に伝わっている織田氏の系図のなかで、信秀の父として載《の》っている「信定《のぶさだ》」にあてはまることはまちがいあるまい。

さらに、ここで思い起こされるのは、敏定のもとで行なわれた清須法論の時の奉行の一人、「弾正忠良信《すけのぶ》」である（30～31ページの図表2）。官名の「弾正忠」および諱《いみな》（実名）の「信」が共通なこと、だいたい一《ひと》世代の開きであることから、二人が父子関係にあると考えるのが自然であろう。ほとんどの織田氏の系図では、信定の父に敏定を持ってきているが、それは無理である。系図の記事のこのあたりの部分は、無視したほうがよかろう。

『信長公記《しんちょうこうき》』冒頭部分に、「西巌《さいがん》」「月巌《げつがん》」「今の備後守《びんごのかみ》〔信秀〕」と三人が並べられている。「月巌」は、信秀の父信貞（信定）の法号《ほうごう》である。「西巌」は、その父と思われる良信

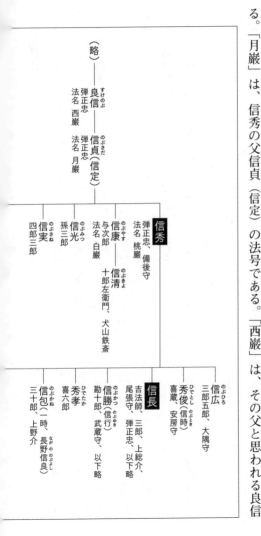

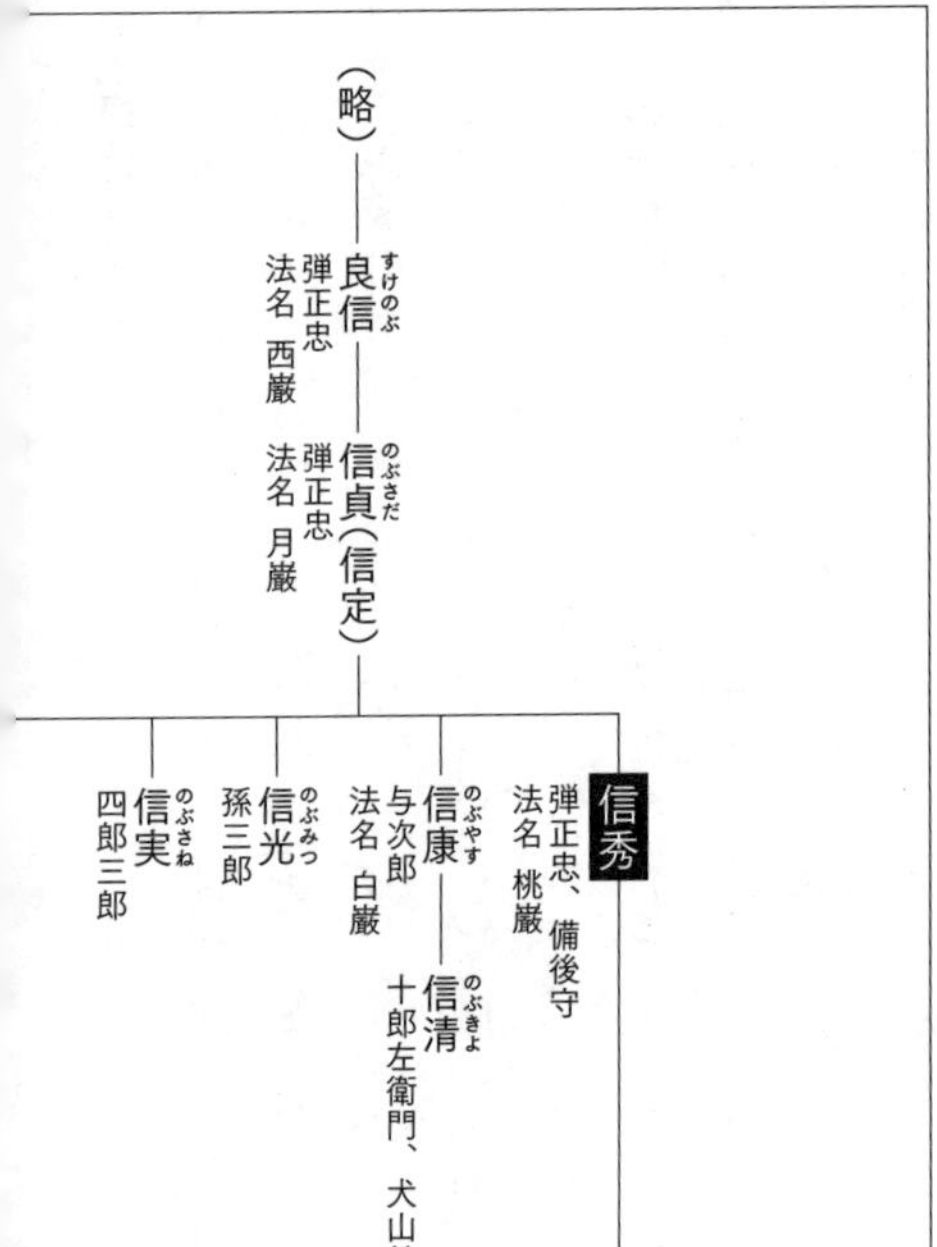

図表2　織田弾正忠《だんじょうのちゅう》家略系図

信次《のぶつぐ》
孫十郎、右衛門尉

女（松平信定《まつだいらのぶさだ》室）

女（遠山景任《とおやまかげとう》室、
のちに秋山虎繁《あきやまとらしげ》室）

信治《のぶはる》
九郎

信興《のぶおき》（信與《のぶとも》カ）
彦七郎

信照《のぶてる》（中根《なかね》氏養子）
越中守

秀成《ひでなり》
半左衛門

長益《ながます》
源五郎、有楽斎

長利《ながとし》（長則《ながのり》カ）
又十郎

女（遠山直廉《なおかど》室）

女（名は市《いち》、浅井長政《あざいながまさ》室、
のちに柴田勝家《しばたかついえ》室）

女（名は犬《いぬ》、佐治信方《さじのぶかた》室、
のちに細川信良《ほそかわのぶよし》室）

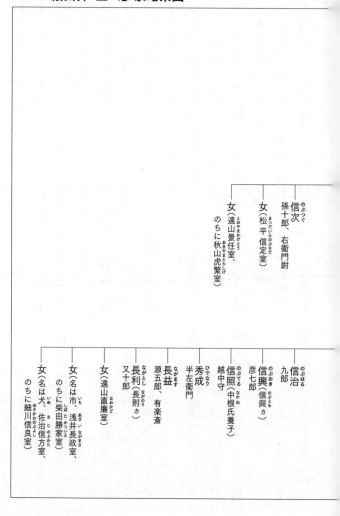

を指すものと思われる。

もうひとつ、西巌が登場する史料が伝わっている。天文年間（一五三二〜一五五五年）の前期、すなわち信秀の活躍した時期のものと思われる、妙興寺の僧の手による書状の下書きである。一部を引用すると、次の通りである。

「妙興寺領花井《はない》・朝宮《あさみや》・矢合《やわせ》・鈴置《すずおき》・吉松《よしまつ》、この五ヶ処《しょ》、材岩《さいがん》の時召《め》し置かれ候《そうろう》。一木村は月岩《げつがん》の時召し置かれ候。今の御代《みよ》に二段三段の処《ところ》共を拾い集め、召し置かれ候わん由《よし》に候。代々《だいだい》かくのごとく候いて、妙興寺即時に破滅候わんとて、一衆《いちしゆう》の嘆《なげ》きこれに過《す》ぐべからず候。（下略）」（『妙興寺文書』）

つまり、材岩（西巌＝良信）の時に、花井以下の五カ所を押領され、続く月岩（月巌＝信貞）の時に一木村を押領され、今の信秀の代になってからも二、三反《たん》の狭い田畑まで拾い集めるように奪われようとしている。このままでは妙興寺は破滅してしまう、と寺の僧の嘆きはこのうえない有様《ありさま》です、という訴《うつた》えである。

良信が奪い取った五カ所は、現在の一宮《いちのみや》市内と稲沢《いなざわ》市内、昔の区画にあてはめても中《なか》島《しま》郡内である。中島郡は上《かみ》半国に属するから、元来伊勢守家の勢力下と思われる。そこを、良信は平気で押領しているわけである。

良信は清須の大和守家家臣であり、大和守家は敏定の代から伊勢守家と対立している。しかも、守護代として実力的にも優勢である。したがって、大和守はこのような良信の横暴をも黙認していたようである。

第二節　織田弾正忠家《だんじようのちゆう》

信貞の津島《つしま》支配

このような土地の押領よりも、弾正忠家の勢力を飛躍的に強める原因になったのは、信貞による津島の支配である。

津島は今でこそ内陸の都市だが、戦国時代は伊勢湾間近《まぢか》にある港町だった。それに加えて、全国的に信仰されていた牛頭天王社《ごずてんのう》があり、鎌倉時代から大勢の参詣者を集める門前町でもあった。町の繁栄の上に立って、津島衆は豊かな経済力を持ち、強固な共同体を作り上げていた。町衆たちで自治組織「惣《そう》」を形成、特定の領主による支配を拒否していたという。

信貞が勝幡《しょばた》に居城を築《きず》いたのは、遅くとも大永《だいえい》年間（一五二一～一五二八年）初期のことと思われる。勝幡は、津島からわずか約四キロメートルの地点に位置し、しかも河川によって結ばれている。信貞は、勝幡城から南西の方角にある津島を支配することを新たな目標に定めた。

津島の代表的な豪族、大橋《おおはし》家の家譜《かふ》（『張州雑志《ちょうしゅうざつし》』所収）には、次のくだりがある。

「大永年中、織田と諍論《じょうろん》数度におよぶ。同四年の夏、織田の兵津島《つしま》を焼き払う。早尾《はやお》の塁《るい》に退《しりぞ》き、又《また》戦う。この時、津島中ならびに寺社の什物《じゅうもつ》・官符《かんぷ》等焼失す云々《うんぬん》。時《とき》に織田家和睦《わぼく》有りて、同年十一月、信長公息女御蔵御方《おくらおんかた》実は備後守信秀女《むすめ》、嫡《ちゃく》大橋清兵衛重長《せいべえしげなが》後入道《にゅうどう》［仏門に入る］して慶仁《けいにん》と号すに入輿《にゅうよ》す。母は林佐渡守通村《はやしさどのかみみちむら》の女。これより津島一輩《いっぱい》信長公麾下《きか》に属す」

大永年中と言いながら、信長が出てくるなど、とてもそのまま信頼できない内容である。しかし、信長を信貞に直してみると、さほど矛盾《むじゅん》なく受け入れることができる。実際に、大永四（一五二四）年五月三日付けの、やはり津島の豪族である河村慶満《かわむらけいまん》にあてた信貞判物が『張州雑志』に収録されている。次に紹介しよう。

「津島天王禰宜《ねぎ》九郎大夫《くろうだゆう》跡職《あとしき》［家督相続］の事、闕所《けっしょ》［所領の没収］せしむるといえども、その意たるの条《じょう》申し付け候上《そうろううえ》は、違乱《いらん》［秩序を乱す］の族これあるべからず。相違《そうい》なく知行すべきものなり。よって状件《くだん》のごとし

大永四

五月三日　　信貞（花押）

慶満殿」

このように、津島衆に対して知行安堵を行なう権限を、信貞は持っているのである。

さらに、その二年後の大永六年三月、尾張を訪れた連歌師宗長は、その記録『宗長手記』のなかで、次のように記している。

「おなじ国［尾張］津島へたち侍《はべ》る。旅宿はこの所の正覚院《しょうがくいん》。領主織田霜台《そうだい》息の三郎礼《さぶろうれい》とて来臨。折紙《おりがみ》［文書］などあり」

「織田霜台」つまり織田弾正忠は信貞のこと、その息子の「三郎」は信秀を指すことはあ

きらかである。宗長の目には、信貞の姿は津島の「領主」として映《うつ》っているのである。

ただ、この後も津島衆の独立性がうかがわれる史料が存在することから、信貞が全面的に、あるいは全域的に、津島を掌握したわけではないようである。しかし、大永年間にして、信貞が津島にかなり強力な支配権を有していたことはまちがいあるまい。

信秀の弾正忠家継承

信貞は津島を勢力下に置くことによって、その豊かな経済力を利用できるようになった。それによって、その後の弾正忠家は力を伸《の》ばしていったに違いない。しかし信貞は、あまり長生きできなかったようである。

では、信貞から信秀への代替《だいが》わりはいつ頃だったのだろうか。それについて、横山住雄《よこやますみお》氏が一通の文書から推測を試《こころ》みている。その文書とは、『妙興寺文書』のなかの、年未詳の妙興寺にあてた「いぬゐ《い》」発給の消息である。文面はかなりわかりづらいが、概略を訳すと次の通りである。

「ご丁寧《ていねい》なお手紙をいただき、うれしく思います。まずまず『御《おん》くし［公事《くじ》］』が終わりました、私自身のうれしさは申し尽《つ》くせないほどです。お手紙の内容を三郎に申し聞かせたところ、確かに承《うけたまわ》ったとのことです。よくよく心得《こころえ》たことを言っておくようにと申しておりました」

そして、差出人「せうはた〔勝幡〕より　いぬ井《い》」で結ばれている。

文中にある「三郎」は信秀、「いぬゐ」は信秀の母である。横山氏は、文中の「御くし」は、夫信貞の法事ではないか、と推測している。そして、信秀の母「含笑院殿茂嶽涼繁《がんしょういんでんぼうがくりょうはん》大禅定尼《だいぜんじょうに》」が大永七（一五二七）年六月二十四日に没しているという『名古屋市史』社寺編の記述から、信貞から信秀への代替わりは、『宗長手記』に信貞が登場する大永六年四月から、その妻が没した同七年六月までの間であろう、と結論している。

母親が直接信秀に妙興寺の意向を伝える様子などを見ると、すでに信貞は生存してないと考えたほうがよかろう。横山氏の推測に従っておきたい。

勝幡城《しょばた》

ここで、信秀が父信貞から引き継いだ勝幡城について解説しておこう。

勝幡城は、海東郡《かいとう》の北端、中島郡に接した位置にある（図表3）。前述の通り、津島に近く、津島から守護所《しゅごしょ》清須に至る街道沿いであった。そればかりでなく、木曾川《きそ》支流の三宅川《みやけ》がすぐ側《そば》を流れて伊勢湾に通じており、水陸《すいりく》の交通の便が申し分なかった。

名古屋市蓬左《ほうさ》文庫所蔵の『中島郡勝幡村古城《こじょう》絵図』（江戸時代の古城絵図、中島郡は海東郡の誤《あやま》り）によると、勝幡城は本丸《ほんまる》と惣構《そうがまえ》の二重構造で、惣構は東方・南方・西方の三方《さんぽう》が河川で囲まれていた。

惣構の中央に位置する本丸は、幅の広い堀に囲まれた方形の土地で東西二九間《けん》（一間＝約一・八メートル）、南北四三間あったという。本丸の周囲は高さ二間、幅三間の土塁《どるい》で囲まれて、幅広の堀と併《あわ》せて防御力を高めている。当然ながら、のちの織豊《しょくほう》城郭のような石垣は存在しない。

本丸の中央には館《やかた》が建てられており、山科言継《やましなときつぐ》をして「目を驚かせ候」と言わしめた見事な建物であった。また、言継たちと信秀は構《かまえ》の橋の上で月見の宴会を催したというが、それは本丸の西に架《か》かる橋の上と推測されている。

『尾陽雑記《びようざつき》』には、惣構の大きさも載《の》っており、東西一一四間、南北一二〇間もあったと

図表3　尾張要図

長良川
軽海
稲葉山城
猿啄城
兼山城
合渡
加納
鵜沼城
美濃
河野
犬山城
墨俣城
葉栗郡
丹羽郡
黒田城
小口城
森部
竹ヶ鼻城
聖徳寺
浮野
木曽川
小牧山城
妙興寺
岩倉城
篠木
定光寺
中島郡
下津
春日井郡
清須城
小田井城
成願寺
龍泉寺
瀬戸
勝幡城
稲生
守山城
牛頭天王社
萱津
那古野城
津島
万松寺
末盛城
海西郡
海東郡
古渡城
岩崎城
荷之上
熱田神宮
荒子城
愛知郡
長島城
赤塚
鳴海城
庄内川
沓掛城
桑名
大高城
桶狭間
三河
伊勢
伊勢湾
村木砦
刈谷城
緒川城
安城城
岡崎城
大野
知多郡
上和田砦
小豆坂
矢作川
大浜
常滑

いう。この広大な惣構のなかには、家臣たちの屋敷や寺院、また、ある程度の城下町も形成されていたと考えられている。

勝幡城は、城とは言っても、戦国大名の築いた堅牢《けんろう》な城砦《じょうさい》ではない。また、石垣が積まれ、瓦《かわら》を葺《ふ》いた織豊時代の威圧的な城郭でもない。平地に築かれた館《やかた》状の建物である。しかし、交通の便を最優先しながら、防御のため自然の河川をうまく使ったあたり、なかなか工夫された城館と言える。

土地の権益争い

第一節で、信秀の祖父良信、父信貞、そして信秀と三代にわたって中島郡内の地を押領し、弾正忠家の勢力を強めていったことを述べた。妙興寺の僧が押領された土地として挙げたなかに、一木村があった。その一木村をめぐって、妙興寺と青山余三左衛門尉《あおやまよそうざえもんのじょう》という武士の間で紛争が起こっている。

天文二(一五三三)年と思われるが、八月十一日付けで妙興寺にあてた、青山余三左衛門尉の書状がある。「御返報」とあるから、妙興寺からの書に対する返事である。

青山余三左衛門尉は、『信長公記』首巻《しゅかん》に、信長の家老の一人として出てくる「青山与《よ》三右衛門《そうえもん》」と同一人であろう。文書のひとつには「秀勝《ひでかつ》」という諱《いみな》が書かれている（『毛利文書』）。信長の家老としてあることにはのちに触れる通り、疑問があるが、弾正忠家の重臣の地位にあったことはまちがいなかろう。

さて、八月十一日付けの書状における青山の返事は、たいへん過激である。

「一木村に散在している領地は私のものなのに、妙興寺が押領している。去年、信秀が島《しま》郷を私にくれて、その代わりの地を渡すように言ってきたので同意した。ところが、無体《むたい》にも妙興寺が別の場所を奪い取ってしまった。このうえは、こちらも寺領を押領するしかない。言いたいことがあるなら、こちらに来て述べるがよかろう。これ以上、寺と手紙でやりとりすることはない」

第一節で紹介した『妙興寺文書』によれば、一木村を信貞が押領したということである。その後、その一部が青山に与えられたのだろうか。

八月十一日付けの青山書状より早いと思われる、四月二十九日付けの別の文書がある。それは、妙興寺の僧たちが弾正忠家の家臣と思われる林《はやし》五郎《ごろう》左衛門尉にあてた連署状である（『妙興寺文書』）。書状には、一木村散在の地をめぐって妙興寺と青山とが争っている様子が語られている。

その文書中に「弾正かたへ仰《おお》せられ候わんの由《よし》」とあるが、信秀は天文二年現在、まだ「三郎」だから、この「弾正」は信貞を指すようである。その後に、「右の分尋《たず》ね聞こしめさるべきに候や」とあるのは、信貞に理非《りひ》を問いたいと言っているのであろう。一木村の権益をめぐる妙興寺と青山余三左衛門尉の争いは、先代の信貞の時からずっと長引き、かつこじれていたようだ。

この権益争いは、天文二年のうちに信秀の手によって結着させられる。同年十二月二十六日、信秀は妙興寺にあてて判物を発給している。意訳して紹介しよう。

「今度、一木村の散在知行のことについて、青山が異議を唱えていた。島郷やそのほかの土地も調査した結果、前々《まえまえ》から言っているものについては妙興寺に納《おさ》めるよう、この後ずっとまちがいなく知行することを認めよう」

表面上の権力者がこのように保証しても、実行されなかったのが戦国時代の常《つね》である。しかし、尾張の権力者織田信秀の保証であり、しかも、被告人はその家臣である。このケースに関しては、命令が無事に執行されたと信じたい。

第三節　尾張の実力者になった信秀

『言継卿記《ときつぐきょうき》』に見る信秀

天文初年の頃の信秀と尾張の織田一族については、山科言継の日記『言継卿記』によって、かなり具体的に観察できる。これから語るのは、前項に見た妙興寺と青山との訴訟と同年の天文二（一五三三）年、信長が生まれる前年、信秀二三歳の時のことである。

信秀は、京都に住む公家《くげ》の飛鳥井雅綱《あすかいまさつな》を、蹴鞠《けまり》の指導のため尾張に招いた。飛鳥井家は、「羽林家《うりんけ》」と言って、中納言《ちゅうなごん》・大納言《だいなごん》を極官《きょくかん》とする中級の貴族だが、家格よりも、代々鞠《まり》と和歌の師範家として、鎌倉・室町の将軍家から尊重されてきた家柄《いえがら》と言ったほうがよかろう。室町時代中期の雅親《まさちか》は能書家としても有名で、のちの飛鳥井流の基礎を築いている。雅綱はその孫にあたり、天文二年当時四五歳、権中納言《ごんのちゅうなごん》の地位にあった。

信秀の要望に応《こた》えて尾張下向《げこう》を決意した雅綱は、友人の山科言継を誘った。言継の山科家も飛鳥井家と同じ羽林家に属すが、彼はまだ二七歳なので、官職は内蔵頭《くらのかみ》兼右少将《うしょうしょう》にすぎない。

しかし、山科言継が雅綱と同道して尾張に下《くだ》ったからこそ、我々後世の者が信秀らの動向について知ることができるのである。というのも、言継は日記をつけており、かなりの部分が現存しているが、彼の几帳面《きちょうめん》な性格を反映して、実に詳細に記録されているため、当時を知る貴重な史料になっているからだ。

以下、『言継卿記』によって、信秀たちの様子を見てみよう。

飛鳥井雅綱・山科言継の一行は、七月二日の午前十時頃、飛鳥井邸を出発、東へと向かった。総勢は雅綱・言継のほかに蔵人《くろうど》（富小路《とみのこうじ》氏直《うじなお》カ）、それに従者たち数人である。その日は坂本《さかもと》に宿泊する。その後、長光寺《ちょうこうじ》に二泊、さらに八風《はっぷう》峠を越えて、七日の午後二時頃に桑名に着いた。

桑名の港を八日の朝八時頃に出航、午後二時頃に津島に到着した。桑名から津島までは五里《り》（一里＝約三・九キロメートル）あまりと記されているが、言継の観測はだいたい正確と言える。津島から信秀の居城勝幡までは、わずか四キロメートルにすぎない。

雅綱からすぐに雑掌《ざつしょう》（公家の家臣）の速水《はやみ》親忠《ちかただ》が信秀のもとに使者に立った。やがて織田定信《さだのぶ》という武士がやってきて、その後、五時頃に信秀自身が迎えにきた。そして、一緒になって勝幡城に向かった。言継たちは乗馬したが、信秀は馬に乗らず、言継たちのうしろを徒歩でついてきた。京都の公家に対する最大級の敬意と見るべきであろう。

勝幡城に入って一服したあと、夜になって冷麵《れいめん》と吸《す》い物《もの》で酒を酌《く》み交《か》わした。ここで、雅綱から信秀に、馬と太刀《たち》が贈呈された。その後、城内の新しく建築された建物に移されたが、そこははじめて使用されるということで、目を驚かすばかりの立派な建築だったという。

翌九日、朝食中に信秀と織田光清《みつきよ》という武士が挨拶《あいさつ》にやってきた。しばらく、彼らと雑談をして過ごした。午後になってはじめて蹴鞠を行なうことになった。雅綱・言継・蔵人の三人は烏帽子《えぼし》を着け、信秀・光清に速水がそれに参加した。見物の人々が押しかけ、その数は数百人にものぼった。三時頃から四時ぐらいまで鞠を蹴《け》り、邸宅に戻って行水《ぎょうずい》で汗を流した。晩食は信秀の屋敷に用意されていたので、夜になってからいただいた。汁《しる》六品、菜《さい》一〇品あり、ほどほどに酒を飲んだあと、風呂に入って客殿に戻った。

とりあえず、七月八日・九日の『言継卿記』の記載を、漏《も》らさず現代語訳した。このような詳細な記述が、八月二十日に一行が尾張を離れるまで続く。その記事をずっと記すと煩雑《はんざつ》になるので、要点だけにとどめよう。

はじめのうちは勝幡で、七月二十七日から守護代大和守の居城のある清須に座を移して、連日のように鞠会《まりえ》が催された。そして、尾張の武士たちの大勢が雅綱の門弟《もんてい》になった。ちなみに、門弟になるためには雅綱に任免料《にんめんりよう》を納めなければならず、それは太刀一《ひと》振《ふ》りと銭二〇〇疋《ひき》（一〇〇疋＝一貫）が相場だったようである。

鞠会だけでなく、歌会《うたかい》も何度かあり、音曲《おんぎよく》でもてなされる日もあった。織田一族だけでなく、尾張の国人たちも大勢勝幡、あるいは清須に滞在する雅綱や言継のもとに集まった。守護代の大和守達勝《みちかつ》自身も、わざわざ勝幡まで礼のため出向いてきたし、清須に滞在している時は手厚く待遇してくれた。

清須滞在中に雅綱が発熱してしばらく寝込んだことがあったが、その時は達勝・信秀はじめ知己になった者、皆が代わる代わる見舞いに来てくれた。約一カ月半の尾張滞在だったが、主客《しゆかく》の飛鳥井にとっても、相伴《しようばん》の言継にとっても、満たされた日々だったに違いない。

彼らは八月二十日に清須を発《た》ち、帰路についた。守護代達勝も信秀もわざわざ見送りにやってきた。美濃墨俣《すのまた》まであるいは垂井《たるい》まで同行してくれた者もいた。二十五日、言継は充実した旅を終え、京都の自宅に帰還した。

信秀と守護代達勝《みちかつ》

前項に述べた通り、雅綱・言継らは、約一カ月半にわたる尾張滞在のうち、前半は勝幡、後半は清須で過ごしている。雅綱を招いて蹴鞠の教えを請《こ》うたのは信秀なので、雅綱一行はまず勝幡を先に訪ねたのだろうが、一行が着いた五日目に、達勝はわざわざ清須から勝幡に出向いて挨拶している。

言継の伝聞によると、信秀と達勝とは去年まで争っていて、ようやく講和したものの絶交状態が続いていたという。一行が来訪してから四日目、信秀から使者を清須へ出頭させている。講和後はじめての通信である。おそらく雅綱たちが来訪したので、鞠会にお出向きください、という招待だったのであろう。翌日、挨拶に来た達勝は、信秀らとともに蹴鞠を楽しんでいる。

前年までの信秀と達勝との戦いには、小田井《おたい》城の織田藤左衛門尉《とうざえもんのじよう》も達勝方《がた》として加わっていたらしい。彼は、いわゆる「三奉行」の一人、織田筑前守良頼の息子である。『言継卿記』に「三郎〔信秀〕ためには伯父《おじ》〔叔父〕」と書かれているから、姉が信貞に嫁《とつ》いで信秀を産んだのであろうか。前述（36〜37ページ）の「いぬゐ」は、藤左衛門尉の姉かもしれない。信秀は八月七日に、彼のところへも自ら出向いて、交際を再開している。

このように、雅綱一行の尾張来訪、蹴鞠指導の機会は、対立状態だった信秀と守護代達勝、一族藤左衛門尉との交流を促《うなが》す大きなきっかけになった。推測するに、七月二十七日に清須に一行の場を移すことになったのも、信秀が達勝との関係を慮《おもんぱか》った結果なのではないか。

第二章では、守護代達勝がかなりの権威を残存させ、信秀も常にこれを立てて尾張国内の政務を行なったことについて述べるが、言継の観察から推測する限り、経済力はすでに信秀は守護代家を凌《しの》いでいる感がある。

信秀が言継たちを案内した客殿が「目を驚かす」ほど立派だったことは前述したが、信秀の家老にすぎない平手政秀の財力もすごかったらしい。平手邸でもてなされた言継は、まず贈呈品である太刀の造作《ぞうさく》のすばらしさに目を見張り、さらに宴会に使われた数奇《すき》の座敷の立派さに驚いている。守護代の居城である清須城にも言継は招かれているが、そのような感嘆の表現は記されていない。

清須からさらに東方、比較的近い位置に、もうひとつの権力があった。那古野《なごや》今川氏（今川那古野氏）である。駿河・遠江守護今川氏の支流だが、那古野城を本拠地とし、幕府奉公衆として連綿と家系を保ってきた。しかし、このすこし前に血族が絶《た》えたらしい。そこで、今川氏当主の氏輝《うじてる》は、末弟（義元《よしもと》の弟）の竹王丸《たけおうまる》（のちの氏豊《うじとよ》）を継嗣《けいし》として送り込む。竹王丸は、雅綱一行が尾張を訪れた時、まだ十二歳の少年だった。

彼は少年ながら蹴鞠に並々《なみなみ》ならぬ興味を示し、雅綱の鞠道《きくどう》の門弟になった。その後は、連日勝幡城に通って、鞠会に参加している。しかし、雅綱が鞠会の場所を清須に移してからは一度も参加していない。

少年のため、竹王丸が尾張のなかでどれほどの権力を持っていたかは疑問である。しかし、この様子から見る限り、那古野今川氏が清須の守護代家よりも、距離的に遠い勝幡の信秀のほうと近しい関係にあった印象である。

織田一族

『言継卿記』には、主に勝幡および清須周辺、つまり尾張南西部に本拠地を構《かま》える国人たちが大勢登場する。織田姓の者も一〇人あまりいるが、彼らは織田一族である。しかし、一族と言っても、ほとんどは信秀との血縁関係がたどれないほどの遠縁である。

まず、織田一族で、勝幡城に参集した顔ぶれを抜き出してみよう。

織田大膳亮定信《だいぜんのすけさだのぶ》、織田右近尉光清《うこんのじょうみつきよ》、織田十郎左《じゅうろうざ》(右《う》)衛門尉頼秀《えもんのじょうよりひで》、織田虎千代《とらちよ》、織田孫左衛門尉信吉《まござえもんのじょうのぶよし》、織田右衛門尉達順《うえもんのじょうみちより》、織田与三郎達種《よさぶろうみちたね》。

定信・頼秀・信吉は、諱《いみな》から判断して、信秀の家臣身分の武士であろう。定信は先に記した通り、信秀に先んじて津島まで雅綱・言継一行を迎えている。信秀の側近であろう。

孫左衛門尉については、この八年後の天文十（一五四二）年十一月五日付けで、氷室長《ひむろなが》康《やす》より津島社八王子殿《はちおうじでん》の利取分《りとり》（権利）を買い取ったという証書が伝わっている（『堀田右《ほったう》馬太夫家文書《まのだいふ》』）。この孫左衛門尉信吉と同一人であろう。

光清は、雅綱・言継たちの滞在中、彼らのためにもっとも動いてくれた人物である。信秀の側近のように見えるが、彼の子が達種《みちたね》であると書かれている。子が守護の斯波義達から一字拝領を受けているらしいということは、もともとは守護直臣《じきしん》であり、信秀の与力《よりき》なのかもしれない。信秀が講和後にはじめて達勝のもとへ遣《つか》わした使者を務めたのは、この達種である。それを見ても、この父子は単なる信秀側近ではなさそうである。

虎千代は、信秀の弟で当年十一歳と記されている。信秀の弟としては、信康《のぶやす》・信光《のぶみつ》・信《のぶ》実《ざね》・信次《のぶつぐ》の四人が知られているが、年齢の開きから考えて、末弟の信次であろうか。

達順も、身分的には守護直臣なのではなかろうか。彼は、信秀死後の天文二十一年八月、信長に背《そむ》いて清須方《がた》に味方し、萱津《かやつ》の戦いで信長と戦っている。

次に同じ織田一族でも、七月二十七日の雅綱・言継らの清須移動以後に表われる者を列記しよう。

織田兵部丞《ひょうぶのじょう》、織田丹波守《たんばのかみ》、織田監物丞《けんもつのじょう》広孝《ひろたか》、織田勘解由《かげゆ》左衛門尉、織田藤左衛門《とうざえもんの》尉《じょう》、織田竹満丸《たけみつまる》。

兵部丞は、清須在住の達勝家臣である。言継は、兵部丞に先皇（後柏原天皇《ごかしわばら》）の勅筆《ちょくひつ》を、その正室《せいしつ》に薫物《たきもの》を贈ったりしているから、守護代家でかなりの地位にいた家臣なのだろう。一行の滞在中に、七歳の娘が重病にかかって亡《な》くなっている。

丹波守は、達勝の重臣のようだが、『張州雑志』などには、守護斯波氏の臣で愛知《あいち》郡日《ひ》置《おき》城主とある。竹満丸はその子、当時七歳という。ずっとあとに信長の二男信雄《のぶかつ》につけられて伊勢で活躍する津田《つだ》一安《かずやす》の父は織田丹波守と言われているから、あるいはこの竹満丸が成長して、一安になるのかもしれない。

広孝は、達勝の弟と明記されている。彼自身と彼の子、それに勘解由左衛門尉の子がそろって雅綱に挨拶にやってきて、太刀を進上しているから、勘解由左衛門尉も達勝の近親であろうか。

藤左衛門尉については、前項で紹介した。小田井城主であり、本来弾正忠家と同格の家で、信秀の母方《ははかた》の叔父にあたる人物である。

『言継卿記』に現われた顔ぶれを比較すると、勝幡城に参集した織田一族の者たちよりも、清須城の達勝のもとに集まってきた織田一族の者たちのほうが、概して家柄、勢力ともに上位にあったことが読み取れる。

尾張の国人《こくじん》

次に、『言継卿記』のなかから、織田一族以外の尾張国人を拾ってみよう。まず、勝幡城に参集した者たちである。

伴《ばん》九郎《くろう》兵衛尉《ひようえのじよう》兼久《かねひさ》、滝川《たきがわ》彦九郎《ひこくろう》勝景《かつかげ》、花井《はない》又次郎《またじろう》元信《もとのぶ》、矢野《やの》石見守《いわみのかみ》寛倫《とおみち》、矢野善十郎《ぜんじゆうろう》勝倫《かつみち》、平手中務丞《なかつかさのじよう》政秀、平手助次郎《すけじろう》勝秀《かつひで》、牟藤《むとう》（武藤）掃部助《かもんのすけ》任貞《たかさだ》、雑賀《さいか》右京進《うきようのしん》定直《さだなお》、斎藤《さいとう》加賀守《かがのかみ》勝秀《かつひで》、小勢《おぜ》（小瀬）修理亮《しゆりのすけ》秀実《ひでざね》、渡辺《わたなべ》玄蕃助《げんばのすけ》、林新五郎《しんごろう》秀貞《ひでさだ》。

矢野寛倫と勝倫、平手政秀と勝秀は、それぞれ親子である。そして、平手政秀・林秀貞は信秀の家臣で、のちに信長の家老になる人物である。林は一般には「通勝」とされているが、それは誤りである。

矢野寛倫の身分については『言継卿記』に、守護斯波氏の直臣で信秀の与力、とはっきり書かれている。伴氏・滝川氏・花井氏・武藤氏・雑賀氏・斎藤氏・小瀬氏、いずれも尾張の国人として知られているが、その身分については、守護斯波氏の直臣なのか、守護代の織田大和守（達勝）の家臣なのか、弾正忠家（信秀）の家臣なのか、区別がつきにくい。ただ、彼らのうち、七月二十七日以後に清須に複数回参集した者は、矢野のみである。

一人、渡辺玄蕃助は、よくわからない人物である。彼は七月二十六日、勝幡を訪れて雅綱の鞠の門弟になったが、その時、雅綱に太刀と馬一匹、銭五〇〇疋《ひき》を納めている。太刀と銭二〇〇疋が相場なのに、破格の任免料である。しかも、当日勝幡に宿泊すると、翌朝、所望して鞠会を催させている。尾張のかなり有力な国人であろうか。

では、七月二十七日に清須に場を移してから、『言継卿記』に記された尾張国人を拾ってみよう。

毛利《もうり》十郎敦元《じゅうろうあつもと》、千秋《せんしゅう》左近将監《さこんのしょうげん》季通《すえみち》、毛利彦九郎《ひこくろう》、坂井《さかい》摂津守《せっつのかみ》村盛《むらもり》、赤林《あかばやし》対馬守《つしまのかみ》、那古野《なごや》又七《またしち》教久《のりひさ》、坂井弥助《やすけ》。

このなかで、身分のあきらかな者は千秋季通と坂井村盛である。千秋は『言継卿記』に明記されている通り、熱田《あつた》神宮大宮司《だいぐうじ》である。また、坂井は七年前の『宗長手記』に登場する小《こ》守護代（又代《まただい》）坂井摂津守と同じ人物であろう。坂井弥助はその一族であろうか。

毛利氏は、守護斯波氏の直臣であろう。十郎敦元の「敦」は、この時の守護義敦《よしあつ》（前名義達《よしみち》）の一字拝領であろう。彼はこの十一年後、信秀の美濃稲葉山城攻めに従軍して討《う》ち死《じ》にした。その子と思われる十郎は、天文二十二（一五五三）年、主君斯波義統《よしむね》が守護代織田彦五郎《ひこごろう》、又代坂井大膳《だいぜん》らに殺された時、若君岩龍丸《がんりゅうまる》（のちの義銀《よしかね》）を保護して信長に渡すという手柄《てがら》を立てた。毛利彦九郎はその一族であろう。

赤林氏は海東郡の国人で、やはり斯波氏の直臣らしい。孫七郎《まごしちろう》という者が萱津の戦いで清須方《がた》について信長と戦い、戦死したという（『尾張志』）。

那古野氏はもともと古渡《ふるわたり》出身で、のちに清須に住むという（『尾張志』）。『信長公記』や文書に表われるのは、那古野弥五郎《やごろう》という人物である。文書の一通には、「勝泰《かつやす》」という諱《いみな》も書かれている（『円福寺文書《えんぷくじ》』）。

『信長公記』によると、那古野弥五郎は小豆坂《あずきざか》の戦いで討ち死にしている。しかし、『信長公記』にはその後、またも那古野弥五郎という者が表われる。おそらく、子であろう。彼は信長に通じて、清須の老臣たちを信長方《がた》に引き入れようと画策《かくさく》したという。三〇〇ほどの家臣を持っていたというから、かなりの大身《たいしん》である。身分的には、守護斯波氏の直臣だったという可能性もある。

以上見た通り、清須で達勝のもとに参集した者は、身分的には守護の直臣と思われる国人が多い。

しかし、雅綱・言継の一行が清須に滞在している間、清須城にいるはずの守護斯波義敦の姿はまったくない。一度使者が来たのと、雅綱の帰還に際して、京都にいる四辻公音《よつつじきんおと》への贈品を預けただけにすぎない。その息子の義統は、帰還直前の雅綱のもとに自ら出向いて鞠道の門弟になっている。このような影の薄い守護であれば、清須では達勝が実権を握っていたと見なしてよいだろう。

そして、これは小島広次《こじまひろじ》氏が一九七五年に「信長以前の織田氏」で指摘していることだが、信秀と達勝の勢力圏や与党関係は異なる。確かに、信秀に従っている国人で清須に参集している者は、守護直臣の矢野寛倫と信秀の使者を務めている平手政秀だけである。さらに、逆に清須から勝幡まで出向いている者も見られない。小島氏の結論はその通りだと言えよう。

第二章

信秀の合戦と政策

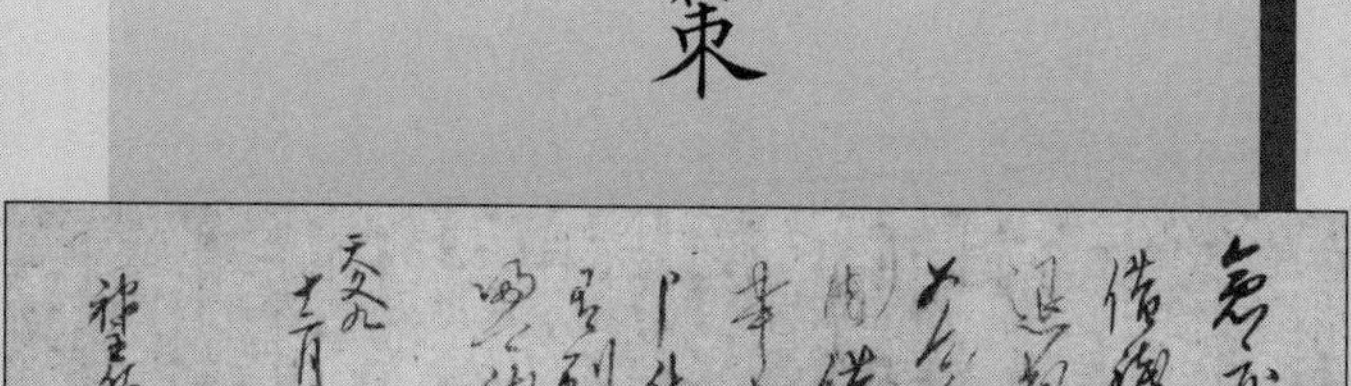

信秀発給の判物《はんもつ》。天文9(1540)年12月付け、津島《つしま》社(牛頭天王《ごずてんのう》社)神主《かんぬし》の氷室《ひむろ》兵部少輔《ひょうぶのしょう》あて。官職弾正忠《だんじょうのちゅう》と信秀の花押《かおう》が見える

第一節　東方進出

松平清康《まつだいらきよやす》の台頭

尾張において織田信秀が守護代達勝に対抗して、着々と勢力を強めていった頃、隣国の三河でも大きな変動があった。それは、松平清康の急速な台頭である。

松平清康は永正八（一五一一）年の生まれと伝わるから、信秀と同年である。松平氏は幾流にも分かれて三河西部地域に勢力を張っていたが、清康は、そのうちの安城《あんじよう》（図表4）を本拠とした家の出身である。清康は弱冠十三歳で家督を継ぐと、ライバルだった岡崎《おかざき》松平氏を攻めてこれを降《くだ》し、松平一族の惣領《そうりよう》の地位を築いた。のちに安城城から岡崎城に本拠を移す。

図表4　尾張近辺および信長の居城移転

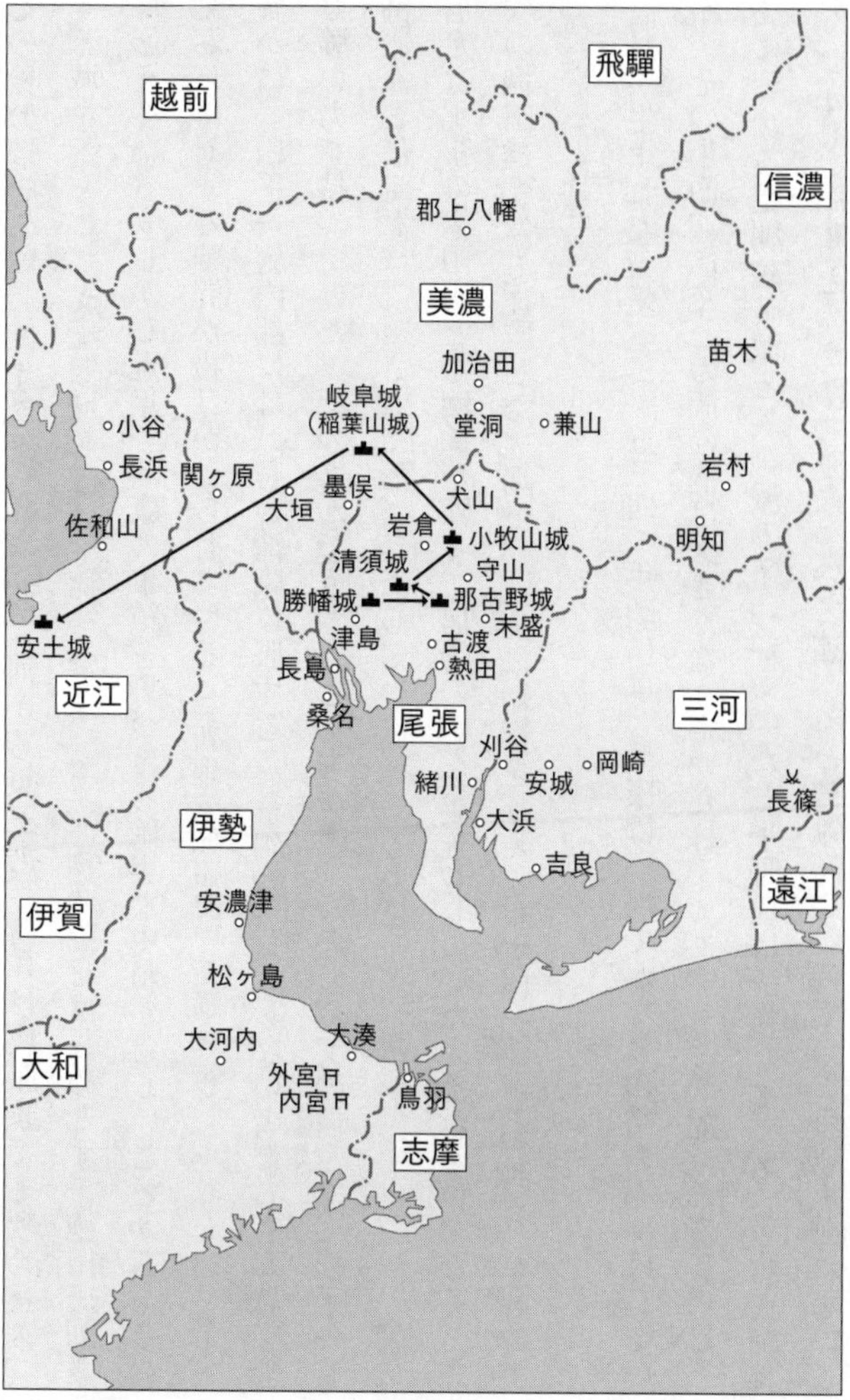

その後の清康の勢いはすさまじく、西三河から東三河、時《とき》には尾張までも攻め込み、次々と城を落として支配領域を広げていったと、『三河物語』をはじめとする徳川《とくがわ》氏創業史は伝えている。しかし近年、清康の事績を裏づける確実な史料が乏《とぼ》しいことから、その活躍ぶりに対する疑問が投げかけられている（『新編安城市史』1通史編）。

確かに、松平一族内部には、若い清康に服《ふく》することを潔《いさぎよ》しとしない者たちもおり、彼らは強い力を持っていた。そのなかでもっとも勢力があったのが叔父の信定《のぶさだ》で、松平一族は清康派と信定派に二分された形だったらしい。

信定は尾張の織田氏とも関係が深く、信秀の姉を正室としていた。それだけでなく、守護代の織田達勝《みちかつ》にも従属した立場で、守山《もりやま》に知行を与えられていたと思われる（平野明夫《ひらのあきお》氏二〇〇二年著書）。

信長が生まれた天文三（一五三四）年頃には、清康は三河でかなりの勢力を伸ばしていたが、その半面、信定との間の溝《みぞ》は大きくなっていた様子である。その対立の背景には、中央における足利義晴《よしはる》派と義維《よしつな》派の争いがあったと平野氏は分析している（平野氏前掲書）。しかし、中央とのかかわりについて述べると複雑になるので、これ以上触れないことにする。

天文四年十二月三日、清康は岡崎城を出陣した。『三河物語』では、信秀との乾坤一擲《けんこんいってき》の勝負を決意して一万の軍勢を率いた、と記しているが、そこまで大げさな軍事行動ではなかったと思われる。兵力に関しては『松平記』に一〇〇〇余騎とあり、それが真実に近いとすると、出陣の目標は信定の守山城だったのだろう。ただ、信定の背後に守護代の達勝、さらに尾張の実力者信秀がいたわけだから、単なる牽制《けんせい》の軍事行動だったのだろうか。

十二月五日、守山城を包囲していた松平軍の陣営で、大将の清康が家臣に刺殺されるという事件が起こった。このため、松平軍はすぐに守山城の包囲を解《と》いて岡崎へと引き揚げる。この事件を「守山崩《くず》れ」と言う。

清康はまだ二五歳という若さだった。『三河物語』には、好機と見た信秀がその後、八〇〇〇の軍勢を率いて三河を攻め、松平軍と井田《いだ》で戦ったと書かれているが、それは伝説にすぎないであろう。

清康が横死《おうし》して、遺児千松丸《せんまつまる》（のちの広忠《ひろただ》）はまだ一〇歳の幼児である。岡崎城の老臣たちが相談して幼主《ようしゅ》を守ろうとしたものの、信定の攻勢を抑《おさ》えることはできなかった。この後の松平家はしばらく信定が取り仕切ることになる。そして、千松丸は伊勢に幽閉の身になった。

謀略によって城を奪取

第一章第三節で扱った飛鳥井雅綱・山科言継らの来訪、前項の松平清康の守山出陣、これらの出来事は、ちょうど信長誕生の天文三（一五三四）年の前年と翌年にあたるが、この頃の信秀は、尾張最大の有力者とは言えても、尾張全体を率いるほどの大勢力にはなっていない。

しかし、この後の信秀は、飛躍的に勢力を伸張させることになる。那古野城の乗っ取りと、東方へ向けての侵略活動である。

信秀の拠《よ》る勝幡城は、海東郡の西端に位置する。すぐ西方は海西郡《かいさい》である。海西郡は当時、服部左京助《はっとりさきょうのすけ》ら一向一揆《いっこういっき》の勢力が強く、さすがの信秀も手が出せなかった。いきおい、彼の目は、東方へと向けられることになる。まず標的にしたのが那古野城だった。

那古野を本拠とする那古野今川氏（今川那古野氏）に、今川義元の弟の竹王丸（氏豊）が継嗣として入れられていたことについては、第一章第三節で述べた。雅綱・言継らの尾張の来訪時、しきりに勝幡城を訪れて鞠会に参加するなど、信秀と懇意な様子である。しかも、十二歳の少年ながら、進んで飛鳥井の鞠道の門弟になったところを見ると、兄義元と同じく都《みやこ》の華《はな》やかな文化に強いあこがれを持つ男だったのだろう。

したがって、『名古屋合戦記』に氏豊という人物が連歌狂として描かれていることも、まったく根拠のないことではなさそうである。まずは『名古屋合戦記』に書かれた、信秀による那古野城乗っ取りの顚末《てんまつ》から紹介しよう。

織田信秀と今川氏豊、二人とも連歌好きで、たがいに訪ね合って連歌に興じていた。ある日、那古野を訪ねる途中で、信秀は誤《あやま》って川に連歌の道具を流してしまった。それを聞いた氏豊は、面倒な思いをしつつ往《ゆ》き来《き》するぐらいなら、信秀が那古野城に滞在して思う存分連歌を楽しめばよい、と提案した。それを受け入れて、信秀は時には三日間、ある時には一〇日間も那古野城に泊まるようになった。

享禄《きょうろく》五（一五三二）年春、那古野に滞在していた信秀は、にわかに病気になって苦しみ悶《もだ》えた。急使が清須と勝幡に飛び、三月十一日、大勢の親族が那古野にやってきた。夜になってなおも大勢が詰めかけた時、那古野の町の市場のほうで火事が起こった。その火が城の近辺にまで広がるや、まもなく甲冑《かっちゅう》に身を固めた勝幡の兵士が本丸に攻め込んできた。那古野の武士たちも城に集まったが、戦いの準備をしていなかったので、ことごとく勝幡の兵に討たれてしまった。氏豊はなんとか城を出て命は助かったが、城は信秀に奪われ、京都に逃れることになった。

『名古屋合戦記』はのちに成立した史料である。したがって、ここに書かれていることは、そのまま信用することはできない。第一、享禄五年の翌年にあたる天文二年に今川氏豊が那古野にいることは、先に紹介した『言継卿記』が証明している。信秀の那古野城乗っ取りは、天文二年よりあとの出来事なのである。ただ、次のような推測は可能ではなかろうか。

先に述べた通り『言継卿記』には、信秀と氏豊の懇意《こんい》な様子が記されている。それなのに、いつのまにか那古野城が信秀の所有になった感が強い。野心家である信秀と若年《じゃくねん》の氏豊、そのような二人を考えれば、『名古屋合戦記』に書かれたことと似たような謀略がなされた可能性が大きいのではなかろうか。

では、信秀による那古野城乗っ取りの経緯はともかく、そのような事件があったのはいつのことなのだろうか。

最初にそれを考察したのは、横山住雄氏である。横山氏は、天文七年九月二十四日付けで、信秀が那古野城近くの天王坊《てんのうぼう》に安堵状を発していること、また、同年十月九日付けで守護代達勝が性海寺《しょうかいじ》に那古野城改築の夫役《ぶやく》を免除していることから、次の推測を導き出している（横山氏一九六九年論文）。

①信秀が天文七年には那古野城を占領している。

②その後まもなく、信秀は守護代の援助を受けて那古野城を改築している。

③①②から、天文七年に信秀は勝幡城より那古野城に移転したと推定される。

さらにこの後、新井喜久夫《あらいきくお》氏も、那古野城近くにある天王坊と若宮八幡《わかみやはちまん》社が信秀の那古野城攻めで炎上したが天文八年に再建された、という言い伝えを紹介し、その説の裏づけを行なっている（新井氏一九八九年論文）。

このように、那古野城を奪い取り新しい本拠地とすることによって、信秀の東方へ向ける動きは促進された。

那古野城《なごや》

信秀が今川氏豊から奪い取った那古野城とは、どのような城郭だったのだろうか。実は、その位置以外はほとんどわかっていない。位置は、江戸時代に築かれた名古屋城二《に》の丸《まる》あたりが中心部だったと言われている。つまり、名古屋台地の北西端である。

のちに信長は信秀から那古野城を譲《ゆず》られるが、一〇年ほどで清須城に移転してしまう。その後の那古野城は次第に存在意義を失い、天正十（一五八二）年に廃城となる。その那古野城のあった場所に約三〇年後、徳川家康《いえやす》が九男義直《よしなお》のために建てたのが、現在も残っている名古屋城なのである。信長が尾張一国時代に立ち退《の》いたので文献史料がなく、そのうえ、文化財のなかに位置するため、発掘調査もままならない。したがって、清須城や小《こ》牧山城《まきやま》のような近年における目覚《めざま》しい研究成果が乏《とぼ》しいのが現状である。

しかし、周囲の地の発掘調査と地元の研究者の地道な研究により、すこしずつだが那古野城の輪郭が知られつつある。それらの成果にもとづいて、那古野城の概略をまとめると、次の通りである。

①那古野は京都と東国を結ぶ交通路に面しており、数百から数千もの人数が宿泊できる集落があった様子である。

②那古野には天王坊・若宮八幡社・安養寺《あんようじ》、それに信秀が建てた万松寺《ばんしょうじ》など多くの寺社が栄《さか》えていた。

③那古野城の城主居館《きよかん》近くには武家屋敷が広がり、市場や町屋も存在していた。

④交通の便がよいので経済的利点があるだけでなく、台地に位置するため、比較的防御力も優れた城郭だったと思われる。

これ以上のことは、今後の研究成果を待つことになろう。

西三河《にしみかわ》進出

前々項でも触れたが、那古野城に移った直後と思われる天文七（一五三八）年九月二十四日、信秀は那古野の天王坊にあてて、相伝《そうでん》の坊跡《ぼうせき》と田畑を安堵する旨《むね》の判物を発給している（『尾張国寺社領文書』）。これが、信秀の尾張東部にあてた初見の文書である。さらに信秀は、翌年三月二十日付けで、熱田の豪族西加藤《にしかとう》家の加藤延隆《のぶたか》に諸役《しょやく》、徳政《とくせい》適用等を免除するという特権を保証している（『西加藤家文書《にしかとうけ》』）。

港町であり、門前町でもある熱田まで勢力を伸ばし、その地の代表的豪族加藤氏をも支配下に置いた信秀は、このあと着々と愛知郡を中心とする東尾張の制圧を進めていったものと思われる。ただ残念ながら、その過程についての確実な史料はない。

東尾張を制圧した信秀は、続いて西三河をも視野に入れた。ここで当時の三河、およびその東部の情勢について解説しよう。

三河は一時、松平清康が松平一族を束《たば》ね、勢力を広げていたが、天文四年十二月に彼が横死したあとは、松平氏一族内部の争いもあり、混乱状態に戻っていた。信秀が西方から入り込むチャンスだったのである。

さらに東方では、駿河守護の今川氏が強大化、十六世紀初頭に遠江守護を兼任するようになる。そして、天文五年から家督を継いだ義元は分国を安定させ、勢いを駆《か》って三河東部に進出しつつあった。すなわち、信秀の三河進出とは、松平氏さらに今川氏との戦いを意味することだったのである。

天文九年六月、信秀は三河へと軍勢を進めた。この作戦の目標は、西三河の要衝安城《あんじよう》城を攻略することである。六月六日の戦いで、城主松平長家《ながいえ》をはじめとする五十余人が戦死した（『大樹寺《だいじゆじ》過去帳』）。

この戦いで安城城が落ちたという証《あかし》はないが、『松平記』には、松平広忠がせっかく岡崎帰還を実現したのに、安城城は信秀が押さえていた旨の記述がある。広忠の岡崎帰還は天文六年六月である。史料の性質上、確言はできないが、天文九年の戦い後まもなく安城城は信秀の手に渡ったものと考えてよいのではないだろうか。

これに前後して、佐々木《さ さ き》の松平忠倫《ただとも》、桜井《さくらい》の松平清定《きよさだ》らが信秀に降《くだ》った。清定はかつて清康と対立していた信定の子で、信秀の甥《おい》にあたる。この作戦の成功によって、矢作川《やはぎ》の西の大部分の地が織田方《がた》に属するようになったのである。

さらに信秀は、弱体化した松平氏を圧迫、今川氏との三河をめぐる競合にも勝利して、矢作川の東部にまで進出していく。まさに、信秀の快進撃が三河の地において現出した。

しかし、この快進撃については、研究者によって史料の解釈が分かれており、現在の段階ではっきりしたことは言えない。では、信秀の三河進出に関して、どのようなことが論点になっているのだろうか。もっとも大きな論点は、その時期をめぐる問題である。

三河侵略をめぐる問題

天文十七（一五四八）年三月十一日付けで、（北条《ほうじょう》）氏康《うじやす》が織田弾正忠（信秀）にあてた書状の写しが二通伝わっている（『古証文』）。北条氏と今川氏の和睦について書かれた短い手紙と、信秀や今川の三河における戦況まで触れた比較的長い手紙の二通である。それらの冒頭に「貴札《きさつ》拝見」または「来札のごとく」という文言があるから、どちらも信秀からの書札に対する返書であることが知られる。長いほうの書状には、次のようなフレーズがある。

「よって三州《さんしゅう》［三河］の儀《ぎ》、駿州《すんしゅう》［今川氏］へ相談なく、去年かの国へ向かい軍を起こされ、安城の要害《ようがい》則時［即時］に破《やぶ》らるの由《よし》に候《そうろう》。毎度御戦功《ごせんこう》、奇特《きとく》に候。ことに岡崎の城、その国より相《あい》押さえ候につき、駿州にも今橋《いまはし》本意に致され候」

つまり、信秀が「去年」今川にことわりなく三河に出陣し、安城城を攻め破ったこと、感服しました。特に、岡崎城を織田氏が押さえ、今川氏が今橋城を獲得したということです、という意味である。

内容についてはのちに検討するとして、とりあえず、信秀が安城城攻略の時期だけ取り上げると、この書状が書かれた時の「去年」ということになる。

この文書にある「去年」の語については、平野明夫氏が「前年」と解釈しているのに対し、横山住雄氏は「去《さ》る年」つまり「先年というような意味」と解釈し、天文九年で差《さ》し支《つか》えないとしている（横山氏一九九三年著書）。

しかし、横山氏の解釈は無理があるように思われる。やはり前年、つまり天文十六年と解釈するのが自然であろう。しかし、平野氏の説をそのまま取り入れると、信秀の安城城占拠など一連の東方作戦は五〜六年も遅れることになる。

ここで問題となるのは、この文書の真偽である。『愛知県史』資料編10 中世3では、この二通を収録しながらも、「検討の余地がある」と付記して、疑念を示している。

天文十七年の時点で、信秀が関東の北条氏との間にこのような交流関係を築いていたことに疑問を感じざるを得ない。しかし、文中にある、北条氏と今川氏が和睦中であることと、三河渥美《あつみ》郡の今橋城を今川氏が最近占領したことは事実と符合しており、文書の真正《しんせい》をうかがわせる要素になっている。

この文書について、平野氏・横山氏は、解釈は異なるものの真正文書として扱っている。村岡幹生《むらおかみきお》氏は、『新編安城市史』1通史編のなかでは否定的だったが、二〇一五年の論文では見方をあらためて真正な文書とし、その内容を次のようにまとめている。

①天文十六年に信秀は三河で戦《いくさ》を起こし、安城の敵を破った。
②そして、岡崎城を確保した。
③ほぼ同時に今橋城が今川氏に開け渡された。

そして、「駿州へ相談なく」の文言から、当時、信秀は今川義元と合意のうえで三河を侵略したのである、としている。

村岡氏がこの二通の北条氏康書状に対する見方をあらためるきっかけになったと思われるのが、九月二十二日付け、越後本成寺《えちごほんじょうじ》あて菩提心院日覚《ぼだいしんいんにちがく》書状である（『本成寺文書』）。これまで、同文書は年次の比定《ひてい》は困難とされてきた。

差出人の日覚がいる菩提心院は、越中婦負《ねい》郡城尾《じょうのお》城下にある日蓮宗の寺院である。日覚は本成寺住職を天文九年に退《しりぞ》き、菩提心院に隠居したという（『富山県の歴史』第3

章)。この文書には、京都から上《のぼ》ってきた楞厳坊《りょうごんぼう》からの伝聞として、次のような三河方面の情報が書かれている。

「三河は駿河衆敗軍の様《さま》に候て、弾正忠〔信秀〕先《ま》ずもって一国を管領《かんりょう》候。威勢《いせい》前代未聞の様にその沙汰《さた》ども候」

「岡崎〔松平広忠〕は弾〔弾正忠信秀〕えかう参〔降参〕の分《ぶん》にて、からがらの命にて候。弾は三州〔三河〕平均《へいぎん》〔平定〕、その翌日に京に上《のぼ》り候」

なんと、信秀が今川氏との戦いに勝利して松平広忠を降参させ、三河一国を平定したというのである。

もちろん、越中在住の僧侶の伝聞にすぎないことを考慮しなければならない。情報源が京都の者ならば、信憑性において二重に疑問が生じるだろう。少なくとも「三河一国」という表現は大げさなものと思われる。しかし、戦いで今川氏に勝ったこと、松平氏を降参させたこと、三河に深く進出したこと程度は信じられるのではなかろうか。

さて、問題はこの文書の年次なのだが、冒頭に「京都は山門《さんもん》〔延暦寺《えんりやくじ》〕と和談とやらんの様になり候て」とあることから、村岡氏は天文十六年六月に行なわれた日蓮宗諸寺と延暦寺との和睦直後と見て、同年と比定している。つまり、北条氏康が書いている信秀の岡崎城攻略と符合するというのである。

ただ、村岡氏は、平野氏の安城城落城天文十六年説には反論し、遅くとも同十二年までに落城している、と主張している。

この通り、信秀の三河進出をめぐっては、その時期についての論証が定着していない。

小豆坂《あずきざか》の戦い

小豆坂の戦いに関しても、いまだに問題点が残っている。この戦いは、東京大学史料編纂所の編纂による『史料綜覧』巻十の二カ所に掲載されている。天文十一（一五四二）年八月十日条《じょう》と同十七年三月十九日条である。本当に、同じ場所で、同じ織田・今川両軍の戦いが二度も行なわれたのだろうか。

それについては、一度説、二度説両方があり、はっきりしていない。ただし、天文十七年三月十九日に、小豆坂で両軍の戦いがあったことは、今川義元の家臣にあてた感状《かんじょう》が数通残っているから、疑いのない事実である（『記録御用所本《ごようしょぼん》古文書』ほか）。要は、天文十一年にも小豆坂で戦いがあったのか、が問題なのである。

天文十一年の戦いについて書かれた良質な史料は、『信長公記』首巻ただひとつである。そこには、次のような記述がある。

「八月上旬のこと、今川軍が三河額田《ぬかだ》郡の庄田原《しょうだわら》まで進出してきて、七段に軍勢を整《ととの》えた。当時信秀は、三河安城城を維持していた。今川軍の由原［庵原《いはら》］が先鋒《せんぽう》として小豆坂に軍勢を出した。それで、信秀は安城城を出陣、矢作《やはぎ》へ向かった。大将信秀が、弟の信康・信光・信実たちを従えた軍勢である。そして、両軍は小豆坂で一戦を交えた」

その後の記述は省略するが、この戦いで手柄を立てた者たちの名が連《つら》ねられている。そして、彼らの活躍により、今川軍は先鋒の大将庵原が討ち取られ、退却していったという。

この記事には、年の記載がなく、ただ「八月上旬」と書かれているだけである。天文十一年と明記されている史料は多数あるが、それらは『(甫庵《ほあん》) 信長記《しんちょうき》』『享禄以来年代記』など、史料価値のかなり劣《おと》るものにすぎない。

『史料綜覧』に従って長い間、小豆坂の戦い二度説が信じられてきたが、最近では、小和《おわ》田哲男《だてつお》氏・横山住雄氏・平野明夫氏など、一度説を唱える研究者が多くなっている。その根拠の第一は天文十一年の戦いの裏づけが弱いことだが、ほかにも次の見解が示されている。

①天文十一年には、今川氏の勢力はせいぜい東三河止《ど》まりであり、小豆坂のある額田郡西部まで進軍するのは不可能と思われること。

②前項に述べた通り、信秀による安城城攻略は天文十六年と思われるから、同十一年に小豆坂の位置で戦うのは、信秀側としても無理だと思われること。

たいへん説得力のある説と言わねばなるまい。しかし、その説を完全に構築するためには、まだ越えねばならないハードルがある。次のふたつの理由である。

第一は、伝えられる天文十一年の戦いと同十七年の戦いの様子が大きく違うことである。

天文十一年のほうは前述の通り、今川軍の西三河進撃に応じた信秀が安城城より軍を出し、敵の先鋒の大将庵原率いる今川軍と小豆坂で戦って庵原を討ち取り、敵を退却させたことになっている。時期は八月上旬という。

それに対して、天文十七年のほうは『三河物語』『松平記』など、さまざまな史料に語られているが、概略を記すと次の通りである。

「今川義元の軍師と言われる太原崇孚《たいげんそうふ》［雪斎《せっさい》］を大将として、今川軍が西三河まで進軍、織田方《がた》の上和田砦《かみわだとりで》を攻撃しようとした。信秀はそれを見て安城城から後巻《うしろま》き［後詰《ごづめ》］に出陣し、小豆坂で両軍が衝突する。そして結局、織田軍は退却を余儀なくされ、今川軍の優勢勝ちで終わった」

義元の感状に記された通り、これは三月十九日の出来事である。

『信長公記』がまとめられるのは、それから約五〇年もあとのことである。しかし、作者の太田牛一《おおたぎゅういち》は日頃からメモを取る習慣があり、そのメモをもとに『信長公記』を執筆したと思われること。仮に織田家に仕える前でメモを取らなかったにしても、彼は成願寺《じょうがんじ》内にいるか斯波家に仕えていたか、いずれにしてもまちがいなく尾張国内にいる。しかも、天文十一年には一六歳、同十七年には二二歳、もう青年期になっている。戦いのあった季節まで大幅に誤るとは考えにくい。三月と八月では、あまりにも違いすぎるのである。

第二には、『信長公記』に載《の》っている織田方《がた》の交名《きようみよう》に、信秀の弟として「与二郎殿《よじろう》」があることである。与二郎すなわち信康は、天文十三年九月の美濃稲葉山城攻めの時に討ち死にしている。小豆坂の戦いが天文十七年の一度だけだとしたら、戦いに参加できるはずがない。

小豆坂の戦いに関する『信長公記』の記事がまるごと誤っている、と片づけられるならば、小豆坂の戦いは天文十七年三月の合戦一度だけ、という説は成立しよう。しかし、その説を確定させるには、このような問題点を克服《こくふく》せねばならず、今のところ、一度説のほうが有力、と言うにとどめざるを得ない。

第二節　美濃《みの》侵略

斎藤道三の台頭

ここで、戦国期の美濃の様子について見てみよう。

美濃の守護は、室町時代を通じて土岐《とき》氏である。しかし、応仁の乱の始まる頃から、守護代の斎藤妙椿《みようちん》が守護を凌ぐ力を持っていた。その影響力は美濃ばかりでなく、近辺諸国、はては幕府にもおよび、乱の時には「東軍・西軍の勝敗の帰趨《きすう》は、持是院《じぜいん》［妙椿］の意思で決定する」と言われたほどであった（『大乗院寺社雑事記《だいじよういんぞうじき》』）。

妙椿の死後、跡を継いだ養子の妙純《みようじゆん》も、船田《ふなだ》合戦でライバルを追い落とし、守護土岐氏を無力化して美濃を強力に支配するかに見えたが、翌年の六角氏攻めの時に土一揆《どいつき》に囲まれて敗死してしまう。それ以後、斎藤氏宗家《そうけ》も勢力が衰え、美濃を一元的に支配する者はしばらく現われなかった。それでも守護土岐氏、守護代斎藤氏という体制自体は変化なかった。

この体制が大きく動くのは、大永五（一五二五）年である。斎藤氏に仕えていた長井藤《ながいとう》左衛門尉《ざえもんのじよう》長弘《ながひろ》と長井新左衛門尉《しんざえもんのじよう》たちがクーデターを起こし、守護土岐頼武《よりたけ》と守護代斎藤利茂《とししげ》をいったん追放した。頼武と利茂はその後に復帰するものの、実権は長井家の二人に握られてしまった。

長井長弘は、れっきとした守護代斎藤氏の老臣長井氏の嫡流である。しかし新左衛門尉のほうは、長井姓ではあるものの、その長弘に仕えて引き立てられた者であり、素性《すじよう》ははっきりしないと言われる。実は、この新左衛門尉こそ、のちに美濃の支配者となる斎藤道三の父親とされる人物である。

斎藤道三については以前より、一代で伸《の》し上がった下剋上の代表者として扱われてきた。その出世譚《たん》について『信長公記』首巻に、次のように書かれている。

「斎藤山城《やましろ》道三は元来、山城国西岡《にしのおか》の松波《まつなみ》という者なり。一年下国《げこく》候て、美濃国長井藤左衛門を憑《たの》み、扶持《ふち》を請《う》け、余力《よりき》[与力]をも付けられ候。折節《おりふし》、情《じよう》なく主の頸《くび》を切り、長井新九郎《しんくろう》と名乗る」

しかも、はじめは京都妙覚寺《みようかくじ》の法華《ほつけ》坊主、還俗して油商《あぶらしよう》として美濃に通い、長井家に出入りするうち、その才を認められて仕えるようになった、というドラマがその経歴にある。この話は、江戸時代初期に成立した『土岐斎藤軍記』などの軍記物に見られるもので、けっして司馬遼太郎《しばりようたろう》氏が小説『国盗り物語』のなかで作り出した話ではない。

たいへんドラマチックな下剋上史話ではあるが、近年では、これらの下剋上史話は、父親と合わせての二代によるものであることが知られるようになった。それは、編纂史料とはいえ、比較的信憑性の高い『江濃記《ごうのうき》』および永禄《えいろく》三（一五六〇）年七月二十一日付けで六角承禎《じょうてい》が六角氏家臣にあてた条書（『春日《かすが》家所蔵文書』）のなかに、はっきりとその事実を示す記事があるからである。条書の該当部分を次に引用しよう。

「かの斎治《さいじ》［斎藤治部大輔義龍《じぶのたいふよしたつ》］身上の儀《ぎ》、祖父新左衛門尉《しんざえもんのじょう》は、京都妙覚寺法花《ほっけ》坊主落ちにて、西村《にしむら》と申す。長井弥二郎《やじろう》［長弘《ながひろ》］の所へ罷《まか》り出《い》で、濃州《のうしゅう》［美濃］錯乱の砌《みぎり》、心はしをも仕《つかまつ》り候いて、次第にひいて候いて、長井同名になり」

法華坊主から長井家に仕え、長弘と一緒にクーデターを起こして美濃守護家の実権を握るまでは、義龍の祖父すなわち道三の父新左衛門尉の事績なのである。

さて、クーデターを起こして美濃守護家の実権を握った長井長弘と新左衛門尉は、その後どうしただろうか。

守護代として美濃のみならず、周辺諸国をも動かしてきた斎藤家だが、やがて家督が断絶した。新左衛門尉は長弘と相談して、その斎藤氏の領地を分配してしまったという。しかし、彼ら二人は長生きしなかった。長弘も新左衛門尉も天文二（一五三三）年のうちに死去、それぞれ藤左衛門尉景弘《かげひろ》、新九郎規秀《しんくろうのりひで》が跡を継いだ様子である。天文二年十一月二十六日付けで長滝寺《ちょうりゅうじ》にあてた、二人の連署状があるが、この新九郎規秀こそ、斎藤道三その人なのである。

長井長弘・同新左衛門尉が相次《あいつ》いで没した直後は、仲良く行動していた景弘と規秀だが、翌年九月に谷汲華厳寺《たにぐみけごんじ》にあてた禁制には、規秀一人だけが署名している（『華厳寺文書』）。その後、美濃国内において景弘という人物はまったく見えなくなる。先に引用した六角承禎条書には、さらに続けて次のように書かれている。

「また父左近大夫《さこんのたいふ》［道三］代になり、惣領《そうりよう》を討《う》ち殺し、諸職《しよしき》を奪い取り」

長井家の惣領とは、長弘—景弘の流れである。規秀（道三）は天文三年九月までの間に、長井惣領家を継いだばかりの景弘を殺害したのであろう。そして、自分が惣領家を乗っ取ったものと思われる。

長井規秀の活動はなおも止まらない。天文四年から五年にかけて、美濃国内で争乱があったというが、勝俣鎮夫《かつまたしずお》氏によれば、これは規秀が守護土岐頼武を追放し、その弟頼芸《よりあき》を立てたために起こった内乱らしいという（勝俣氏一九九六年論文）。

土岐頼芸を守護として立て、これを補佐する立場になった長井規秀は、守護代斎藤家を継ぐ形で、天文六年三月には斎藤左近大夫利政《としまさ》と改名している。美濃国内は統一されておらず、また、越前の朝倉《あさくら》氏、尾張の織田氏など外敵も多く、まったく不安定な状態ではあったが、美濃の雄《ゆう》斎藤利政（道三）はこうして登場したのである。

稲葉山《いなばやま》城攻め

第一節で信秀の東方進出について述べたが、天文十年代の彼は、東方の三河方面の作戦のみに専念していたのだろうか。『信長公記』首巻には、次のようにある。

「去《さ》て備後殿《びんごどの》［信秀］は国中馮《たの》み勢《ぜい》をなされ、一ヶ月は美濃国へ御働《おはたら》き、又《また》翌月は三州《さんしゅう》［三河］の国へ御出勢《しゅつぜい》」

つまり、信秀は尾張の兵を広く動員して、忙しく東方と北方の両面作戦を行なっていたのである。そして、美濃を攻撃するにあたり、信秀が味方に誘ったのが越前の朝倉氏であった。

朝倉氏の当主は第四代国主孝景《こくしゅたかかげ》である。軍事的には大叔父《おおおじ》の教景《のりかげ》（宗滴《そうてき》）が前面に立って活躍していた。その朝倉氏のもとに、土岐次郎頼純《じろうよりずみ》が保護されていたのである。

土岐頼純は、道三に追放された頼武の子である。頼武はすでに死んでいたらしいが、その子頼純は父の遺志を継いで、美濃への復帰を切望していた。保護者である孝景も、それを応援しており、越前と美濃との間は冷えこんでいたのである。

先に引用した『信長公記』の記事から判断すると、信秀は、対三河作戦と同時に、美濃へ向けても軍事行動を取っていたようである。そして、その成果として大垣《おおがき》城を手に入れ、織田播磨守《はりまのかみ》という将《しょう》を入れ置いていた。

天文十三(一五四四)年六月、信秀は美濃に兵を出した様子である。斎藤利政(道三)が、大垣北方の龍徳寺《りゅうとくじ》に禁制判物《きんぜいはんもつ》を下《くだ》していることから、それがうかがえる(『龍徳寺文書』)。信秀の軍事行動は、もちろん朝倉氏と連絡を取ってのことであろう。

同年九月二十二日、信秀の軍勢および土岐頼純・朝倉宗滴率いる軍が、利政の居城稲葉山城を攻撃した。合わせて二万五〇〇〇~二万六〇〇〇の大軍だったという(『徳川美術館所蔵文書』)。朝倉軍は越前からの遠征だったことを考えると、信秀率いる織田軍が主力だったと思われる。連合軍全体で二万五〇〇〇~二万六〇〇〇というのは多すぎる数字だが、尾張のかなりの兵が動員されたことは確実であろう。

南方より攻めかかった織田軍は近辺の村に放火、次いで城下に広がる町まで攻め寄せた。しかし、このような攻撃を受けながらも、道三は城に籠《こ》もったまま兵を出さなかった。

申《さる》の刻《こく》（午後四時前後）になって日が暮れ始めた頃、信秀はいったん軍を引き上げるよう命じた。織田軍が背後を見せて引き上げかけた時、突然稲葉山城から斎藤軍が出撃した。不意を突かれた織田軍は崩れ立ち、南へ向かって逃れるばかりであった。この追撃戦で織田軍の兵大勢が討たれた。敗北した兵の行く先には木曾川がさえぎっており、川に流されて、さらに大勢の兵が溺《おぼ》れ死んだという（『徳川美術館所蔵文書』）。

この戦いで、信秀の弟信康、清須三奉行の一人とされる織田因幡守《いなばのかみ》、信秀の老臣の青山余三左衛門尉、熱田社大宮司千秋《せんしゅう》季光《すえみつ》たちが戦死した。信秀の味わう、おそらくはじめての惨《みじ》めな敗戦であった。

敗戦から幾許《いくばく》もない十一月、序でも述べたように、信秀は那古屋城に連歌師谷宗牧の訪問を受けた。宗牧は朝廷から、前年の信秀の皇居修理のための献上金に対する礼物と女房奉書を託《ことづか》ってきた。信秀は宗牧からそれらを受け取ると、次のように言った。

「今度の負け戦でも、なんとか命を長らえたのは、これを受け取るためだったようです。我が家の名誉、これに過《す》ぎることはありません」

まだ三四歳の信秀だったが、その態度は堂々としていて、まったく沈鬱な様子は見えなかったという。しかしこの後、信秀の北方作戦は苦戦続きになった。

大垣城《おおがき》後《うしろ》巻《ま》き

さて、稲葉山城攻めに先立って信秀が占拠していたと思われる大垣城は、稲葉山城の西方一五キロメートルほどの位置にある。織田・朝倉連合軍を追い返した斎藤道三は、その勢いに乗って大垣城を奪還しようとした。『信長公記』には、次のように書かれている。

「去る九月二十二日、山城《やましろ》道三大合戦に打ち勝ちて申すように、尾張の者は足も腰も立つまじく候《そうろう》間、大垣を取り詰め、この時攻《せ》め干《ほ》すべきの由《よし》候て、近江の国より加勢《かぜい》を憑《たの》み、霜月《しもつき》［十一月］上旬、大垣の城近々《ちかぢか》と取り寄せ候き」

信秀もそれに応じて出陣する。

「霜月十七日、織田備後守殿後《うしろ》巻《ま》きとして、又憑《たの》み勢《ぜい》をさせられ、木曾川・飛驒《ひだ》川、大河舟渡しをこさせられ、美濃国へ御乱入。竹《たけ》が鼻《はな》放火候《そうろう》て、あかなべ［茜部］口へ御働き候て、所々《しょしょ》に煙を揚《あ》げられ候間、道三仰天《ぎょうてん》をいたし、虎口《こぐち》を甘《くつろ》げ、井《い》の口《くち》居城へ引き入るなり」

信秀が大垣城救援のため、木曾川を渡って美濃に乱入し、あちこちに放火したので、道三は驚いて稲葉山城に引き取ったということである。ところが、それに続けて『信長公記』には、信秀の出陣中、清須の兵が信秀の新しく築いた古渡《ふるわたり》城を攻撃したとある。

「霜月二十日、この留守中に尾州《びしゅう》［尾張］の内清洲衆《きよすしゅう》、備後殿古渡新城へ人数を出し、町口放火候て、御敵の色を立てられ候。かくのごとく候間、備後殿御帰陣なり。これより鉾楯《むじゅん》におよび候き」

このように『信長公記』の記事は、信秀たちの稲葉山城攻め→道三の大垣城攻め→信秀の後巻き→清須の兵の古渡城攻め、と続いている。従来、この一連の出来事は、稲葉山城攻めも含めて全部天文十六（一五四七）年のこととされてきた。しかし、稲葉山城攻めが天文十三年であることは、宗牧の記した『東国紀行』の記事であきらかである。

それでは、道三の大垣城攻め以下の出来事も天文十三年に起こった事件なのだろうか。

ところが、『東国紀行』がそれを否定する。宗牧は同年閏《うるう》十一月まで尾張にとどまっていたのにもかかわらず、信秀の出陣にはまったく触れていないからである。

横山住雄氏は、『鷹司《たかつかさ》系図』（長山寺《ちょうさんじ》所蔵）、『円興寺《えんこうじ》過去帳』など地元の史料を参照して、道三の大垣城攻め以下を天文十七年のこととしている（横山氏一九九三年著書）。下村《しもむら》信博《のぶひろ》氏も、信秀と道三の和約や信長と道三娘との結婚が天文十七～十八年と推定されることから、天文十六～十七年と考えている（『新修名古屋市史』２）。

天文十六～十七年の信秀関係の事件で確かなことは、同十七年三月十九日にあった（第二次）小豆坂の戦いぐらいである。そして、その前の同十六年九月には、岡崎城攻略をはじめとする三河での攻勢があったと村岡幹生氏が論じている（村岡氏二〇一五年論文）。

十六年から十七年春の時期は、信秀の作戦は東方に向かっていたようである。断言は控えるが、ここは横山氏の説を採《と》り入れて、大垣城攻め以下を天文十七年十一月の事件、信長の婚姻をその翌年のこととしておきたい。

第三節　守護代家との戦い

守護代家との関係

前項に述べた通り、天文十七（一五四八）年十一月のことと思われるが、信秀が大垣城後巻きのため美濃に出陣している時、清須の兵が古渡城を攻撃した。信秀と守護代家との間柄《あいだがら》は、飛鳥井雅綱や山科言継が来訪した天文二年頃には親密だったはずだが、その後どのように変化したのだろうか。すこし遡《さかのぼ》って、たどってみよう。

前述のように、信秀は天文七年に今川氏豊から那古野城を奪い取ったものと思われる。そして早速、城を改築したようだが、性海寺にその夫役を免除する旨を伝えた守護代達勝の書状がある（『性海寺文書』）。そこから、那古野城乗っ取りの段階から、達勝が信秀に協力していた可能性が感じ取られる。

天文十二年二月二十一日付けで、達勝は熱田の豪商加藤《かとう》一族にあてて、商売上の諸権益および財産を保証している（101ページで後述）。これが達勝発給の終見《しゅうけん》文書だが、同日付けで信秀もまた加藤一族あてに同じく権益保証の判物を出しているのである（『西加藤家文書』）。

達勝の文書中には「弾正忠［信秀］申し調《ととの》えられ、出し置くの上《うえ》は」末永《すえなが》く保証する旨の文言、いっぽう信秀判物には「次に最前の和州《わしゅう》［大和守＝達勝］の判形《はんぎょう》、ならびに此方折紙《こちらおりがみ》の旨」により末永く保証する、との文言がある。達勝は信秀の実力を、信秀は達勝の権威を、たがいに認め合っていることがわかる。

先に述べたように、信秀が時には三河に、時には美濃にと軍勢を出す際は、常に「馮み勢」だったと『信長公記』にある。つまり、信秀は守護代家に仕える武士、あるいは守護の直臣も動員して、戦いに臨《のぞ》んだのである。実際、小豆坂の戦いの時に討ち死にした那古野弥五郎は「清洲衆」と書かれているし、稲葉山城攻めで討ち死にした毛利十郎（敦元）・毛利藤九郎《とうくろう》も清須の守護家の直臣と思われる。

守護代達勝の終見文書が天文十二年二月二十一日付けだと前述したが、その八年近くもあとの天文十九年十二月十七日付けの熱田社座主憲信《ざすけんしん》が記した覚書《おぼえがき》中に、「今之《いまの》大和守殿さま」という人物があり、前後の文意から類推して、この「大和守」は達勝を指すと思われる（『密蔵院文書』）。そうであれば、ほぼ天文十九年十二月まで、達勝は守護代として清須で健在だったことになる。

しかし、それから約三年後のことだが、天文二十二年九月十日付けで法華寺《ほっけじ》にあてた、「織田大和守勝秀《かつひで》」の判物が見られる（『尾張国寺社領文書』）。その間に、守護代の交替があったと見なしてよいだろう。達勝と勝秀との関係については不明である。

守護代老臣との戦い

先に述べた通り、清須の兵が古渡城を攻撃してきたのは、天文十七（一五四八）年十一月のことと思われる。達勝が天文十九年まで守護代の地位にあったとすると、その時の守護代はまだ達勝ということになる。親密だったはずの信秀と達勝の関係にひびが入ったのだろうか。推測になってしまうが、代替わり前にして、達勝は清須城内で著《いちじる》しく力を低下させ、老臣たちを抑えきれなくなっていたのではないか。

達勝の文書上の初見は、永正十三（一五一六）年十二月一日付けの妙興寺あて判物である（『妙興寺文書』）。天文十九年までなんと三四年もたっているのである。おそらく達勝は、かなりの老齢だったのではなかろうか。老齢の達勝が力を弱めたことが、信秀と清須との関係に大きく響《ひび》いたと思われる。

『信長公記』には、講和を結ぼうと信秀の家老平手政秀が一生懸命説得したのに、清須の「おとな衆」である坂井大膳・坂井甚介《じんすけ》・河尻与一《かわじりよいち》がなかなか承知しなかった、と書かれている。坂井一族とは、かつて又代《まただい》を務めていた坂井摂津守（村盛）の系統であろう。この頃には守護代の権威が凋落《ちょうらく》し、老臣たちの力がそれを凌ぐようになっていた様子である。そして彼らは、信秀の北方および東方の軍事作戦の停滞を原因とする威信低下を突いて、尾張の支配権を握ろうとした。この時の戦いは、信秀と坂井たち新興の清須老臣との権力争いだったのではなかろうか。

この争いは翌年、信秀老臣の平手と清須老臣とが交渉を重ねた末《すえ》、なんとか和睦が成立する。信秀は清須との争いの最中より、斎藤道三との和睦も進める。このような四面楚歌《しめんそか》状態では、如何《いかん》ともしがたいと考えたからである。

天文十八年と思われるが、信秀の嫡男信長が道三の娘と結婚することによって、信秀と道三の同盟が成立する。それについては、第三章第二節であらためて述べよう。

古渡城《ふるわたり》

信秀の最初の居城は父信貞から譲られた勝幡城だったが、前述の通り、天文七（一五三八）年頃に那古野城を乗っ取り、そこに移った。

その後、天文十三年から同十五年の間に古渡城を築き、那古野城から移った様子である。それについては、『信長公記』に「熱田《あつた》の並《ならび》古渡という所《ところ》新城拵《こしら》え、備後守［信秀］御居城なり」とあるだけで、移動の年月日は書かれていない。飛躍した推測かもしれないが、信長が元服《げんぷく》するのを機《き》に、信秀は那古野城を譲ったのではあるまいか。そうだとすると、信長の元服は『信長公記』に「十三の御歳《おんとし》」とあるから、天文十五年のことであり、その年に信秀が古渡城に移ったことになる。

では、新たに信秀が居城とした古渡城とは、どのような城郭なのだろうか。旧古渡村に存在したこと、低地なので平城《ひらじろ》だったことはまちがいないが、そのほかは、まったくと言ってよいほど不明なのである。

ただ、江戸時代に書かれた地誌によると、東西七八間、南北五六間の規模で、二重の堀に囲まれていたという（『尾張徇行記《じゅんこうき》1 那古野府城志《ふじょうし》』ほか）。それを信じるとすると、新たに築いた城とはいえ、かなりの大きさである。しかし、平城で目立った河川があるわけでないから、台地に位置した那古野城のほうが、要害としての機能面では上だっただろう。

信秀の目が古渡に向けられたのは、なんと言っても地《ち》の利《り》だろう。熱田の北方わずか三キロメートルほどで、この尾張の代表的な商業都市を掌握しやすい。しかも、京都と鎌倉を結ぶ鎌倉街道が古渡の町を通っており、交通の要衝として宿所《しゆくしよ》が栄えていたという。

横山住雄氏によれば天文十八年ということだが、信秀はより東に位置する末盛城に居城を移す（横山氏一九九三年著書）。もし、信長への那古野城譲渡が前述の通り天文十五年とすると、信秀が古渡城を居城にしたのはわずか三年間ということになる。北方の斎藤氏と和睦し、敵を今川氏にしぼった時、居城を東方へ移すことは理解できる。このような、その時のニーズに応じて居城を変える姿勢は、息子の信長に引き継がれることになる。

こうして、古渡城は短期間で廃城になり、その地は尾張藩主によって大谷派本願寺《おおたにはほんがんじ》に寄進されて、城址《じようし》は現在、東本願寺名古屋別院になっている。

一九九一年四月から一年間あまり、南山大学古渡発掘調査会によって発掘調査が行なわれた。しかし、発掘地が限られること、信秀の居城期間が短かったことから、これといった成果はなかったようである。

第四節　信秀の内政

津島支配と牛頭天王社《ごずてんのう》保護

津島と言えば、現在は内陸の都市だが、十六世紀は、伊勢湾に開けた木曾川河口に位置し、伊勢の桑名に相対《あいたい》する大きな港町だった。

大永六（一五二六）年、津島から桑名に渡ろうとした連歌師宗長は、その手記に、津島湊《みなと》の様子を感慨深く記している（『宗長手記』）。意訳して次に記そう。

「この湊は、美濃・尾張の境界を南北に流れる河がひとつになって落ち込んでいるところで、湊の広さは五、六町《ちよう》［約五〇〇メートル］、寺や家屋は数千軒もある。有名な西《さい》湖とも言える景色だ。数千艘《そう》の船が橋の下に広く停泊しており、その灯《あか》りはまるで星が河辺に降るようだ」

言葉を操《あやつ》る専門家だけに、表現はやや大げさだと思う。しかし、かなり栄えた港町であり、尾張では清須に次ぐ集落を形成していたと言われる。

この後、天文二（一五三三）年に飛鳥井雅綱・山科言継らが、同十三年に谷宗牧が、桑名から船に乗って津島に到着している通り、当時の旅の通常のコースとして、津島湊が利用されていたのである。

このように盛んに利用された湊ならば、港町として繁栄するのは当然である。『太閤記《たいこうき》』に、若い頃の秀吉《ひでよし》についての次のような逸話《いつわ》が紹介されている。

「ある時、信長側近の金の笄《こうがい》［刀の鞘《さや》に差した髪を整える道具］が紛失した。疑いが秀吉にかかる。秀吉は自分の無実を証明するため、すぐに津島を訪れる。犯人は必ず津島の富《ふ》家《か》にその笄を売りに行くはずだ。秀吉は、居並ぶ富家に懸賞金つきで頼み、見事に濡《ぬ》れ衣《ぎぬ》を晴らすことができた」

この逸話からも、いかに津島に富裕な商家が多かったかが知られよう。彼らが集まって、町の運営に携《たずさ》わっていたのである。確かな史料に見られる富裕な一族を並べてみると、次の通りである（『張州雑志』ほか）。
大橋《おおはし》、恒川《つねかわ》、堀田《ほった》、平野《ひらの》、服部《はっとり》、河村《かわむら》、野々村《ののむら》、村主《すぐり》。

彼らは、港町の商権を持っていただけではない。津島のもうひとつの看板、津島社（牛頭天王社）の利権にもかかわっていたのである。ただし、津島のどの家が港町・津島社それぞれの利権をどれほど有していたかまではわからない。

津島と勝幡城との距離はわずか四キロメートル、しかも当時は河川続きだったようである。前述の通り、信秀の父信貞は、大永六年までに津島の支配権を握っていたらしい。しかし、その権力は、宗長をして「領主」と呼ばせるものであったにせよ、津島衆を全面的に従わせるものであったかはわからない。ただ、信秀を経《へ》て信長の代には、地域集団として組織化されていた様子である（小島広次氏「勝幡系織田氏と津島衆」）。

右に挙げた津島衆のうち、河村氏は津島社禰宜《ねぎ》の職も務めた家であり、第一章第二節で述べたように、河村慶満は大永四年に、信貞からその職を安堵されている。慶満の没後、その跡職《あとしき》は、天文七年六月九日付けの判物をもって、今度は信秀が河村八郎に安堵した（『河村家文書』）。河村氏は、津島社禰宜を務めるいっぽう、弾正忠家に馬廻《うままわり》として仕えていたようで、河村久五郎《きゅうごろう》という者が永禄四（一五六一）年五月の森部《もりべ》の戦いに参加している。

堀田氏もやはり津島社禰宜を務めていた家で、「天王右馬大夫《てんのううまのたいふ》」と名乗った文書が見られる（『張州雑志』）。そのほか、信長の初期からの家臣として、恒河久蔵《きゅうぞう》・堀田孫七《まごしち》・堀田左内《さない》・服部平左衛門《へいざえもん》・服部小平太《こへいた》（一忠《かずただ》）の名が、『信長公記』首巻に見られる。おそらく、彼らは信秀の代から仕えていたのであろう。

津島社に対する信秀の姿勢はどうだったのだろうか。

津島社は牛頭天王を祭神《さいじん》とした大社《たいしゃ》であり、その信仰圏は東国にまで広く伸びており、拝観者、初穂料《はつほ》・祈禱料《きとう》なども並々ならないものであった。津島は堂々たる港町でありながら、また堂々たる門前町でもあったのである。

その津島社の神主《かんぬし》は、氷室兵部少輔広長《ひむろひょうぶのしょうひろなが》である。彼は大社の神主でありながら、借金がかさんで身動きが取れなくなり、神社を退出して逃亡してしまう。そのような境遇に至った経緯はわからない。天文九年十二月付けで、信秀は広長に判物（57ページの写真）を下《くだ》して命令する。

「借金がかさんで神社を退出してしまったそうだが、これでは神事《しんじ》が疎《おろそ》かになってしまう。津島内の借金については、私がよいように取り計《はか》らうから心配いらない。早く神社へ戻るように」

信秀は同時に、津島町中に書状を出している。

「神主の兵部少輔は借金がかさんで神社を退出してしまった。これでは神事が覚束《おぼつか》ない。彼の借金についてはその心得《こころえ》をするようにして、早く帰宅できるよう協力することが大切だ」

信秀の働きかけが実り、神主広長はなんとか津島社に戻ったようである。しかし、当然ながら債権者たちは、広長に借金の返済を迫《せま》り続けたものと思われる。約一年半後、信秀は広長あてに書状を発している（『津島神社文書』）。

「借金について、一昨年自分が命令した筋目《すじめ》にいささかも相違《そうい》ないうえは、誰かがいちいち言ってきたとしても、すこしも疎《うと》んずる気はない。そのように心得るように。細かいことは［家老の］林秀貞から伝えよう」

信秀は、津島衆の経済力に頼ること大《だい》であった。しかし、同時に、全国に広く信仰されている牛頭天王社の保護にも努めていたのである。

豪族加藤《かとう》氏と大宮司千秋《せんしゅう》氏

熱田は、津島と同じく港町であり、かつ門前町という二面的性格を持った町である。信秀がその熱田を支配下に置いたのは、天文七（一五三八）年に那古野城を奪い取ったあとのことと思われる。

津島では「津島衆」と呼ばれる多数の家が分立《ぶんりつ》していたのに対し、熱田は加藤家ひとつが強い力で町を運営していた。交通路の整備、町場の造成に関しても、加藤家の力が大きかったようである。

加藤家は十六世紀前半より東西の二家に分かれ、両家とも熱田南部の伊勢湾に面した位置に屋敷を構《かま》えて、近海の漁業をも掌握していた。港も漁民も加藤家の支配下にあったようである。

熱田を支配下に置いた信秀は早速、天文八年三月二十日付けで西《にし》加藤家の加藤延隆《のぶたか》に判物を出し、徳政・税などについての商売上の特権を与えている（『西加藤家文書』）。この免許状は、当然東《ひがし》加藤家にも出されたのであろう。

この免許状の「達勝《みちかつ》免許の御判形《ごはんぎょう》、相調《あいととの》い遣《つか》わすの上《うえ》は」に注目したい。信秀の那古野城占拠の陰《かげ》に、守護代達勝があったらしいことは、第一節で触れた。それに続く熱田支配も、達勝と二人三脚でなされている様《さま》がここにうかがえるのである。

さらに、四年後の天文十二年二月二十一日、達勝は、加藤順光《よりみつ》（東家）・同延隆（西家）・同順政《よりまさ》（東家嫡男）三人あてに、商売上の諸権益と田畑・屋敷などの財産を保証している（『西加藤家文書』）。信秀も同日付けで、やはり三人あてに諸権益・財産を保証する判物を発給している（『西加藤家文書』）。

達勝の判物には「弾正忠［信秀］申し調《ととの》われ、出し置くの上は」の文言、いっぽうの信秀の判物には「次に最前和州《わしゅう》［達勝］の判形《はんぎょう》、ならびに此《こ》の方《かた》［信秀］の折紙《おりがみ》の旨」の文言があるのを見ると、二人三脚はこの頃も順調に続いているようである。

それでは、織田氏と熱田神宮との関係を見てみよう。

室町時代には、熱田大宮司家は千秋氏が定着していた。古くから引き継がれてきた大宮司領は、尾張国内に多く散在しており、戦国以前には相当な経済力を維持していた様子である。しかし、大宮司自身は京都に居住していたらしい。

大宮司家が織田氏と繋《つな》がりを持つのは十六世紀はじめ頃、千秋季通《すえみち》の代からである。千秋氏は尾張に定住し、知多《ちた》郡羽豆崎《はずがさき》城を居城にしたという。季通の名は『言継卿記』に見える。天文二年七月に飛鳥井雅綱が尾張を訪れた時、季通は雅綱に鞠《まり》の門弟になることを申し込み、許されている。季通はすでにかなりの老齢であり、まもなく没したようだが、その後の大宮司職は季平《すえひら》・季光と引き継がれた。

しかし、信秀との関係が深まるにつれ、千秋氏は羽豆崎城を本拠地とするただの尾張国人に成り下がる。信秀の軍勢に動員されるようになったのである。熱田大宮司という尊職は形骸化してしまった。天文十三年九月の稲葉山城攻め失敗の時の戦死者のなかに、千秋季光の名がある。

万松寺《ばんしょうじ》の創建

名古屋市中区大須《おおす》にある亀岳山《きがくさん》万松寺は、信秀が自分の菩提寺《ぼだいじ》として建立《こんりゅう》した寺である。もともとは那古野城の南にあったが、慶長《けいちょう》十五（一六一〇）年の名古屋城築城にともない、現在地に移転させられたものである。

万松寺が建てられたのは、天文九（一五四〇）年と伝えられる。着工が天文七年とされるから、那古野城を占領してまもなくのことであろう。曹洞宗《そうとう》の寺であり、開山《かいさん》として招いたのは禅僧大雲永瑞《だいうんえいずい》である。大雲は信秀の伯父というが、系図類にその名は見られない。建立当時、信秀は三〇歳、まだまだ若い盛りである。まさに東方へ向かって勢力を伸ばしている最中の菩提寺建立であった。

のちに、信秀の葬儀はこの万松寺で営《いとな》まれるが、喪主《もしゅ》の信長が異装《いそう》で現われ、抹香《まっこう》を祭壇に向かって投げつけたという出来事は有名である。そうした逸話は建立後十二年もたってのこと、第四章で述べることにする。

天文十年二月付けで、信秀は万松寺に禁制を下《くだ》している。『尾張名陽図絵《めいよう》』に載《の》せられた禁制はその大部分が読み取られていないが、禁制の内容はだいたい決まっている。勝手に宿泊するなとか、むやみに木竹《きたけ》などを伐《き》り採《と》るなとかの文言が連なっていたのだろう。

自分の菩提寺ではあっても、守護代でもない信秀が禁制を下すというのは異例である。しかし、最後に「よって執達件《しったつくだん》のごとし」という言葉で締めくくられている。つまり、この禁制は守護代達勝の意思のもとに下す、という体裁を取っているのである。

第五節　信秀の外交

水野《みずの》氏との同盟

東方の三河、北方の美濃、それに尾張国内の清須も敵方《てきがた》になり、信秀は一時、四面楚歌の状態にあったと言ってよい。そうしたなか、近くにいた貴重な味方が水野氏である。

水野氏は、十五世紀中頃より尾張緒川《おがわ》・三河刈谷《かりや》あたりに領地を広げ、応仁の乱による地方の混乱に乗《じょう》じて勢力を伸ばした地方豪族である。十六世紀になって、惣領である緒川を中心に一族が幾流かに分かれ、知多郡常滑《とこなめ》・大高《おおだか》をも押さえた様子である。

惣領家の緒川城主は、永正年間（一五〇四〜一五二一年）後期頃より忠政《ただまさ》だったようである。早くから分立していた刈谷城主は、やはり永正後期より近守《ちかもり》―守忠《もりただ》の二代が認められる。緒川の惣領家は、三河の戦国大名に成長した松平氏と代々姻戚関係を結んでおり、忠政の娘が松平広忠に嫁いで竹千代《たけちよ》、のちの徳川家康を生んだことはよく知られている。つまり、松平氏と水野氏とは、だいたい同格の家柄と見なされていたわけである。

水野氏は、松平氏と代々姻戚関係を結んでいたことからも知られる通り、忠政の頃までは松平氏と親密で、信秀も含めた織田氏とは反目《はんもく》していた。那古野城を占領した信秀がさらに東方をうかがおうとした時、水野氏の存在が障害になったに違いない。

しかし、信秀の三河進出の最中に水野忠政が死去した。天文十二(一五四三)年七月十二日のことという(『寛永《かんえい》諸家系図伝』ほか)。その跡は嫡男信元《のぶもと》が継いだ。信元は、当時の信秀の勢いを見て、路線の転換を決意。信秀と協力することにした。松平広忠のもとに嫁いでいた信元の妹於大《おたい》が広忠に離別され、乳飲《ちの》み子の竹千代を残して実家に送り返されたのは、この時のことである。

水野氏との同盟は、信秀が生きている間ずっと継続する。いや、信秀の死後も、信長は信元との関係を大切にする。ずっとのちのことだが、今川軍が緒川城を攻撃した時も、決死の覚悟で駆《か》けつけ、付城《つけじろ》の村木《むらき》砦を攻略して信元の危機を救っている。

だが、織田氏と水野氏との関係は次第に主従の関係に変化、最後、信元は信長の疑惑を受けて切腹を強《し》いられる。これらは本書のテーマから外《はず》れるが、織田氏と水野氏との関係の終末として触れた。

伊勢《いせ》神宮への寄進《きしん》

伊勢神宮は、内宮《ないくう》・外宮《げくう》ともに二〇年に一度、遷宮《せんぐう》するのが、創建以来のしきたりである。これを「式年遷宮《しきねんせんぐう》」と呼んでいるが、十四世紀までは厳重に守られてきた。ところが、十五世紀後半になると、神宮の経済が衰微《すいび》、室町幕府も力を失って、費用面でしきたりが守られなくなってしまった。内宮は寛正《かんしょう》三(一四六二)年以来、外宮に至っては永享《えいきょう》六(一四三四)年以来ずっと式年遷宮は途絶《とだ》えたままになっていた。

天文年間(一五三二〜一五五五年)になって、ようやく近江の六角氏が内宮仮殿《かりどの》遷宮(略式の遷宮)に協力することを約束した。おそらく、内宮禰宜荒木田《ねぎあらきだ》氏の運動によるものだろう。

ところが、朝廷および幕府の意向を質《ただ》したところ、略式にせよ外宮の遷宮を先にしなくては内宮の遷宮はできない、となった。そこで、外宮禰宜の度会備彦《わたらいそえひこ》は外宮の造替《ぞうたい》料を提供してくれる大名を探した。その結果、尾張の実力者織田信秀にたどりつくのである。

天文九（一五四〇）年五月から六月にかけて、備彦と信秀および実務者平手政秀との間に、書簡の往復がなされる（『外宮天文引付《ひきつけ》』）。

備彦が最初に信秀にあてた書状は、五月十一日付けである。「はじめまして」の挨拶から事《こと》の経緯を語り、お引き受けいただければ御家《おいえ》は繁栄なさるでしょうと懇願している。そして、同日付けで奉行役の平手にも同じ意味の書状が送られている。

続いて同月二十九日付けで、またも信秀・平手あての備彦書状が見られる。この間に、信秀から承知する旨の返事があったらしく、たいへん喜ばしい、神宮の一同皆、懇意にさせていただく、大麻《おおあさ》と白鳥《しらとり》という酒をお贈りするという内容である。

さらにこの後、六月六日付けの信秀・平手両者からの書状がある。内容は、贈品に対する礼で、返礼として金子《きんす》十三枚が信秀から備彦に贈られている。尾張と伊勢とは比較的近いとはいえ、一カ月で二往復のやり取りがあったことになる。

その後、外宮の仮殿遷宮は、備彦・信秀両者の思惑《おもわく》通りに行なわれたのだろうか。『外宮天文引付』によると、その年十二月二十一日に材木がたくさん到着したとのことである。これ以上は記録されていないが、早速作事《さくじ》が始まったであろう。

そして、翌年三月六日に、信秀から金子が五枚届く。とりあえずの費用であろう。この時に信秀の使者を務めた者は久志本周防守《くしもとすおうのかみ》、前年五月に伊勢御師《おんし》職を買い取ったばかりの人物である。御師は、低位とはいえいちおう神職である。神職でも売買の対象になったことがわかる（『神宮徴古館《ちょうこかん》農業館所蔵文書』）。

三月以降は、費用がかかるたびに信秀が出費したようで、最終的に信秀が負担した額は、総計七〇〇貫になったという。そして九月二十六日、外宮の仮殿遷宮はめでたく執《と》り行なわれた。その後、信秀は外宮仮殿遷宮の功績によって、朝廷から三河守に任じられたという。しかし、信秀が三河守を称した証《あかし》は見られない。

皇居修理費用の献納

信秀が三河守に任じられたかどうかはともかく、大金を投じて伊勢神宮外宮の仮殿遷宮を執行させたことは、朝廷の評判になったらしい。尾張の織田信秀は、家柄は取るに足らないが富裕で頼りがいのある人物である、と公家の間に知られることになったのだろう。

戦国時代の皇室経済はいわゆる式微《しきび》状態が続いていた。奥野高廣《おくのたかひろ》氏によれば、戦国大名の献金によって、たびたび皇居修理が行なわれていたというが（奥野氏二〇〇四年著作）、全面的改修は信長の出現を待たねばならなかった。

信長が行なった皇居修理は、永禄十三（一五七〇）年から始まるが、そこに至るまでに何度も行なわれた部分的修理のなかでは、信秀の献金による修理がもっとも大がかりなものだったようだ。

信秀に皇居の修理を申し付けよう、と公家たちが相談したのは、天文十二（一五四三）年正月早々のことであった。修理箇所《かしよ》は主に築地《ついじ》だが、その他あちこち破損していたらしい。

会議を主導したのは、前関白近衛稙家《さきのかんぱくこのえたねいえ》である。公家たちだけで決めるわけにはいかないので、近衛はあらかじめ、将軍足利義晴に使者を遣《つか》わして意見を聞いていた。義晴からの返事は、たいへん結構に存じます、ということだった。その返事を受けて、近衛は公家たちを招集したのである。将軍が承知したのに、公家たちに異議があろうはずはない。信秀への修理申し付けはじきに決定し、近衛は天皇に奏上《そうじょう》した。

正月二十二日、早くも皇居修理は動き出す。信秀が承知したことを受けて、二人の奉行が任命され、大工たちに作事が言い渡されている（『御湯殿上日記《おゆどののうえのにっき》』）。

皇居修理の費用を信秀が献納することは、広く知られたらしい。奈良興福寺《こうふくじ》の多聞院英俊《たもんいんえいしゅん》は、その日記の同年二月十四日条に、次のように記している。

「尾張のをた［織田］の弾正と云《い》う物《もの》、修理して進上《しんじょう》申すべきの由《よし》申す。はや料足《りょうそく》［費用］四千貫《がん》計上おわんぬ云々《うんぬん》。事実においては、不思議の大営《たいえい》か」（『多聞院日記』）

信秀の献納の額については、『御湯殿上日記』四月三十日条に「十万疋《びき》進上申すよし」将軍を通じて連絡があった旨書かれている。一〇万疋＝一〇〇〇貫だから、両史料で大きく食い違う。まさか、仲介した将軍方《がた》が四分の三も中間搾取《さくしゅ》したとは思えない。もともと一〇万疋だったのではないか。それでも、同年七月に今川義元が献納した額は五万疋だから、その倍額である（『御湯殿上日記』『諸家文書』）。

この一〇万疋の修理費は、五月一日に信秀の使者がわざわざ京都まで届けてくれた。使者として上京したのは、家老の平手政秀である。平手には天盃《てんぱい》が下《くだ》され、太刀が与えられたという（『御湯殿上日記』）。

平手はその後、上京のついでに大坂の本願寺を訪ねて証如《しょうにょ》と対面し、歓待されている(『証如上人日記』)。本願寺は尾張においても隠然たる勢力を持っており、織田一族のなかでも、守護代達勝やその老臣藤左衛門尉など、証如と連絡を取っている者も多かった。平手の本願寺訪問は、信秀の意向に沿ったものだったのであろう。信秀は、本願寺との関係も大切にしたのである。

第三章

父信秀のもとの信長

織田信長初陣図《ういじんず》。江戸期に描かれたもので、文章部分には林羅山《はやしらざん》の落款《らっかん》とともに寛永16（1639）年10月上旬　林羅山賛《さん》とある（個人蔵）

第一節　信長誕生と少年時代

信長誕生の謎

本章は、尾張を席巻《せっけん》しつつある織田信秀の嫡男として生まれ、家の跡取《あとと》りとして育てられていく信長を追うことにしよう。

まず、その誕生から話を始める。信長は、織田信秀の子として、天文三（一五三四）年に生まれた。これはまちがいない事実なのだが、その誕生日・生誕地・母親の実家などに関しては、以前より別々の説が唱えられてきた。

それらを、テーマ別にまとめて検討を加えてみよう。

A信長の誕生日について

①五月十一日説
②五月十二日説
③五月二十八日説

先に、②から説明する。この説の根拠は、イエズス会宣教師ルイス・フロイスの証言である。フロイスは、本能寺《ほんのうじ》の変の約四カ月後のイエズス会総長あて書簡に、次のように記している。

「すなわち右の参詣を行なった安土山《あづちやま》の祝祭から十九日を経《へ》た時、のちに述べる通り彼の身体は灰燼《かいじん》となって地《ち》に帰《き》し、その霊魂は地獄に葬《ほうむ》られたのである」（『イエズス会日本年報』）

この書簡によると、信長は自分の誕生日に己《おのれ》を神として礼拝させる祭典を催したという。その日付けの記載はないが、祭典から十九日後に本能寺の変が起こって死んだとすると、そこから逆算して五月十二日ということになる。この説を支持する研究者は多い。

①は、秋田裕毅《あきたひろき》氏が『信長公記』巻十二にある次の記事に注目して、唱えたものであ

る。

「（天正七年）五月十一日、吉日《きちじつ》に付いて、信長御天主《ごてんしゅ》へ御移徙《おわたまし》［移動］」

信長が完成した安土城天主に移ったくだりである。天主がすでに出来上がっているのに、信長がなかなか移転しようとせず、「吉日」の五月十一日を選んで移ったのはなぜか。「吉日」とはすなわち自分の誕生日だったのだ、というのが秋田氏の見解である（秋田氏一九九〇年著作）。

③は、『土岐斎藤軍記』の記事にもとづいている。江戸時代に書かれた書籍は、この説を採っているものが多い。そして、ユルン・ラメルス氏は、『土岐斎藤軍記』の史料価値を高く評価し、この説を支持している（ラメルス氏一九九三年論文）。

『イエズス会日本年報』と『土岐斎藤軍記』、史料の信憑性で評価するならば、前者を高く見るのが当然の姿勢だろう。

しかし、フロイスは信長の誕生日は五月の幾日である、と明記したわけではない。さらに、自己神格化の祭典の記事そのものが疑わしいという有力な見解さえある。もちろん、断言はできないが、比較的信頼できる伝聞にもとづいたと思われる『土岐斎藤軍記』の五月二十八日説のほうに、説得力がありそうな気がする。

B信長の生誕地について

①勝幡城説

②那古野城説

かつては、信秀の那古野城奪取の時期を、『名古屋合戦記』にもとづき、享禄五（天文元、一五三二）年としていたから、信長の生誕地は那古野城ということになっていた。

しかし、第二章第一節で述べた通り、横山住雄氏によって天文七年の出来事とあらためられ、今では定説になっている。したがって、天文三年出生《しゅっしょう》の信長は、信秀の勝幡在城時代に生まれたことになる。この議論はすでに終わったものと見なしてよかろう。

C信長の母の出自《しゅつじ》について

①美濃可児《かに》郡の土田《どた》氏説

②尾張海東郡の土田《つちだ》氏説

信長は信秀正室の腹《はら》である。同腹《どうばら》の弟としては、すぐ下の信勝《のぶかつ》（信行《のぶゆき》で通っている）がおり、さらに九歳年少の信包《のぶかね》もそうではないかと考えられている。ところが、この女性の実家がよくわからないのである。

信長の母親については、多くの織田氏の系図に「土田下総守政久《しもうさのかみまさひさ》の女《むすめ》」とある。しかし、その土田氏がどこの土田氏なのか、判然としないのである。

候補のひとつが美濃可児郡土田《どた》の土田城を本拠とした土田《どた》氏、もうひとつが尾張海東郡清須近くの土田《つちだ》の豪族土田《つちだ》氏である。『系図纂要《さんよう》』には、政久は土田秀久《ひでひさ》の子だが、母の実家である尾張の生駒《いこま》氏の養子になったとある。だがここにも、祖父の秀久が美濃の土田《どた》氏なのか尾張の土田《つちだ》氏なのか明記されていない。

つまり、信長の母の実家は、美濃なのか尾張なのか、「どた」なのか「つちだ」なのかという読み方さえわからないのである。

元服《げんぷく》と初陣《ういじん》

『信長公記』首巻には、次のように記されている。

「吉法師《きっぽうし》殿［信長］十三の御歳《おんとし》、林佐渡守《はやしさどのかみ》［秀貞《ひでさだ》］・平手中務《ひらてなかつかさ》［政秀《まさひで》］・青山与《あおやまよ》［余］三《そう》右衛門《えもん》［秀勝《ひでかつ》ヵ］・内藤勝介《ないとうしようすけ》御伴《おとも》申し、古渡《ふるわたり》の御城《おしろ》にて御元服《げんぷく》、織田三郎《さぶろう》信長と進められ、御酒宴《しゅえん》御祝儀《しゅうぎ》斜《なな》めならず」

信長が十三歳だから、天文十五（一五四六）年のことである。お伴《とも》したという林・平手・青山・内藤の四人は、『信長公記』首巻の冒頭に、信秀が信長に那古野城を譲り渡した時、「おとな（家老）」として付属させられた面々である。信秀は那古野城を信長に譲ると同時に、新しく築いた古渡城に移ったという。

『信長公記』首巻には、元服の記事に続けて次のようにある。

「翌年、織田三郎信長御武者始《むしゃはじ》め［初陣］として、平手中務丞《なかつかさのじょう》、その時の仕立《した》て、くれない筋《すじ》のずきん・はおり、馬よろい出《い》で立《た》ちにて、駿河より人数入れ置き候三州《さんしゅう》［三河］の内吉良大浜《きらおおはま》へ御手遣《てづか》い、所々《しょしょ》放火候て、その日は野陣《のじん》を懸《か》けさせられ、次の日那古野に至りて御帰陣」

「翌年」というから、天文十六年、信長一四歳の時である。どちらかと言えば、早めの初陣と言えようか。

吉良は幡豆《はず》郡、大浜は碧海《あおみ》郡にある。安城《あんじょう》城はこれ以前から信秀が手中にしており、岡崎を含めて三河深く勢力を伸ばしている状態である。手前の緒川・刈谷の水野氏とも結んでいる。東方作戦において、信秀がもっとも意気盛んだった時期である。

初陣と言っても、特に華々《はなばな》しい戦いはなかったようだから、半《なか》ば儀式だったのであろう。しかし、これによって信長は、織田弾正忠家嫡男としての儀式をひとわたり終えたことになる。

那古野城の譲渡

前項に触れた通り、『信長公記』首巻の冒頭に、信秀が四人の家老を添《そ》えて信長に那古野城を譲った記事がある。（第一次）小豆坂の戦いや、信長の元服・初陣の記事より前に載《の》っているので、この那古野城譲渡を、信長の幼年時のこととする見方が定着していた。

しかし、序や第二章第二節で述べたように、天文十三（一五四四）年十一月に連歌師谷宗牧が訪ねた時、信秀は那古野城を居城にしていた。信長は宗牧の前には現われなかったが、当時十一歳だったはずである。これは推測にすぎないが、その翌々年の信長の元服を前にして、信長に那古野城が譲られ、元服の式は信秀の新しい居城古渡城で行なわれたのではなかろうか。

　信長が那古野城を譲られるにあたって、付け置かれた四人の家老について、ここで触れておこう。

「一《いち》おとな林新五郎［佐渡守秀貞］」と「二《に》長《おとな》平手中務丞［政秀］」の二人については問題ない。林は春日井《かすがい》郡西春《にしはる》あたりに領地を持ち、その界隈《かいわい》の国人たちを与力にしていた勢力家である。『言継卿記』にも登場し、飛鳥井雅綱の鞠《まり》の門弟になっている。平手については、これまで信秀の老臣としてのさまざまな活躍ぶりを紹介してきた。「御台所《おだいどころ》賄《まかない》」つまり財務担当の責任者として、嫡男信長に付属という形になった。二人とも、貫禄《かんろく》十分の家老と言える。

　しかし、「三《さん》長《おとな》青山与三右衛門」は、信長の元服時にはすでにこの世《よ》にいないはずだ。彼は、信長元服の二年前の稲葉山城攻めの時に戦死しており、『信長公記』首巻に載った討ち死にの顔ぶれに名を連《つら》ねている。

「四《し》長《おとな》内藤勝介」については、基本的なことすらわからない。信長が家督を継いでまもなくに起こった赤塚《あかつか》の戦いの時、「御《お》さき手《て》［先手］あしがる衆」のなかに、その名が見える。

「足軽」と言っても近世の軽輩《けいはい》のことではなく、所属の兵という意味だろうが、一緒に名を連ねている者たちはすべて小身《しょうしん》の者ばかりである。「長《おとな》」＝家老であれば当然、軍事的には指揮官を務める身分のはずだが、とてもそのような姿ではない。そして、信頼できる史料に見えるのは、この箇所だけにすぎない。本当に信長の初期の家老を務めた人物なのか、大いに疑問である。

第二節　斜陽の弾正忠家

第二次小豆坂の戦い

天文十七（一五四八）年三月十九日、三河小豆坂において織田軍対今川軍の戦いが行なわれた。第二章第一節で触れたように、同十一年八月の小豆坂の戦いはあったかどうかはっきりしないが、この戦いのほうは、今川義元の感状等の一次史料がいくつも残っているから、事実であることは疑いない。

しかし、義元の感状等の文書には、戦いの経緯については書かれていない。戦いがどのように展開したかを知ろうとするならば、後世に書かれた編纂史料に頼るしかない。しかし、もっとも信頼できそうな『信長公記』には、前述したようにまったく異なった「小豆坂の戦い」が書かれている。そうなると、いわゆる徳川氏創業史の記述を参考にするしかない。

徳川氏創業史のなかで、比較的信頼度が高いとされているのは、『松平記』である。これには小豆坂の戦いについて、「天文十七年三月十九日」と正確な日付けまで記されている。

『松平記』は江戸時代の初頭に成立したというだけで、著者は不明だが、古老に事情を尋《たず》ねるなど、著者の史実再現への努力が認められる。

この戦いに関しても、おそらく義元の感状等の文書を参照したものと思われる。『松平記』によると、戦いは次の通りに展開している。

織田信秀が岡崎城を奪おうとして安城城に入り、まず先鋒《せんぽう》の軍勢を派遣してきた。今川義元はそれを聞いて、太原雪斎を大将として軍を出した。雪斎は、義元のいわゆる「軍師」として知られる人物である。そして、朝比奈信置《あさひなのぶおき》・同泰能《やすよし》・岡部元信《おかべもとのぶ》が先手《さきて》の将になって上和田《かみわだ》に着陣、小豆坂に上った。それに対して織田軍は、織田信広が大将となって坂のなかほどに出てきて、両軍の衝突となった。朝比奈信置が先頭になって岡崎衆を指揮し、信広軍を追い返したが、織田軍も反撃して、岡崎衆の武士が何人も討ち死にした。そこに岡部が横槍《よこやり》を入れて奮戦《ふんせん》したので、織田軍は主立《おもだ》った武士が討たれて退《しりぞ》いた。今川軍は戦いに打ち勝って帰国した。信秀は敗れて岡崎城を奪うことができず、古渡城へと戻った。安城城には、信広が残し置かれた。

この頃の信秀の居城は、ここに書かれている通り古渡城である。このあたりを見ても、のちに書かれた編纂物とはいえ『松平記』は、参考史料として価値があると評価できそうである。ちなみに、やはり徳川氏創業史のなかで『松平記』と並ぶ評価を受けている『三河物語』では、信秀の当時の居城を誤って「清須」としている。

『松平記』がかなり信憑性の高い史料であるとしても、編纂物の限界は知るべきである。

したがって、そこに書かれた細かいことまでは信じるに値《あたい》しない。ただ、次の要件に関しては、事実として認めてよいと思う。

①天文十七年三月十九日に三河小豆坂において、織田信秀の軍と今川義元の軍が戦ったこと。

②織田軍がすでに掌握していた安城城から、軍勢を出したこと。

③小豆坂における戦いは結局、今川軍の優勢で終了したこと。

④信秀は安城城に庶長子《しょちょうし》（正室以外の最初の男）の信広を置いて、尾張に軍勢を引き上げたこと。

安城《あんじょう》城陥落と人質《ひとじち》交換

天文十三（一五四四）年の稲葉山城攻めの失敗、それに続く清須勢力の離反、北方では苦戦が続いたが、信秀の東方面の作戦は順調に進んでいた。しかし、天文十七年三月の小豆坂の戦いの敗戦から、信秀の勢いに陰《かげ》りが見え始め、ついに三河の拠点安城城を失うことになる。

前述した通り、信秀は小豆坂の戦い後に信広を安城城の城将《じようしよう》として置いていた。ところが天文十八年九月、またも今川軍が西三河方面に出張してきた（『徳川美術館所蔵文書』ほか）。今川軍はさらに十月、安城城にも攻めかかってきたのである。十一月八日、信広は城を開いて降伏し、捕虜になってしまった（『三川《みかわ》古文書』）。

ここで、織田・今川双方の外交家による交渉が行なわれる。織田方は家老の平手政秀、今川方は太原雪斎である。熱田には、松平竹千代が人質として暮らしている。かつては三河でかなりの勢いを示した清康の嫡孫《ちやくそん》、当年八歳の幼児である。松平家の当主だった広忠（清康の子）は同年三月六日に亡くなっているから、幼児とはいえ松平家の立派な跡取りである。

なぜ竹千代がこの時、信秀の人質として熱田で生活していたのか。二年ほど遡《さかのぼ》ってその経緯を説明しなくてはならない。『松平記』にある記載をもとに語ることにしよう。

天文十六年、松平広忠は今川氏への服属の証《あかし》として、嫡男の竹千代を駿府《すんぷ》に人質として差し出すことにした。竹千代六歳の時である。お伴《とも》の者たちに付き添われて岡崎城を出《で》、東へと向かった竹千代だったが、途中で渥美郡田原《たはら》の国人戸田《とだ》氏に略奪されてしまう。そして竹千代は船に乗せられ、尾張へと連れて行かれる。

戸田氏は、それまで従属していた今川氏を離れて、織田氏に鞍替《くらが》えしようとしたのである。この時、戸田は喜んだ信秀から褒美《ほうび》として銭一〇〇貫をもらったので、後世、家康様を銭一〇〇貫で売り飛ばした、とんでもない奴という、最大級の汚名を着せられた。

竹千代はその後約二年間、熱田の加藤順盛《よりもり》の邸宅で過ごす。信長の住む那古野城と熱田とは近い。竹千代のほうは幼児だし、また人質の身だから、行動は制約されていただろうが、十代半ばの信長は好きなように動き回っていたと思う。信長のほうから加藤家を訪れて、竹千代と会うような機会もあったに違いない。想像はいくらでもできるが、残念ながら二人の出会いを明記した史料はない。

さて、話を二年先の天文十八年の末頃に戻そう。平手と雪斎の交渉によって、人質の交換は成立した。竹千代は今川義元に渡されて駿府に移され、信広は父信秀のもとに返された。信秀としては一《ひと》安心ではあるが、せっかく長年《ながねん》保ってきた三河の安城城を失った痛手《いたで》は大きかった。

斎藤道三との和睦《わぼく》

信秀が安城城を失う前年の天文十七（一五四八）年頃より、織田氏と斎藤氏の和睦の動きが始まった。当時の信秀はかつての勢いは止まった状態で、東方は今川氏が三河西部にまで進出してきており、北方には斎藤氏が控え、尾張内部も清須勢力が敵対している、という言わば四面楚歌の状態であった。

のちに詳しく触れるが、このような状態に陥《おちい》った原因のひとつは、信秀の健康にあったのかもしれない。信秀はこの逆境を打開する方策として、いっぽうの敵斎藤道三と講和を結ぶ道を選択するのである。

相手の道三のほうも、現在は守護土岐頼芸を立てて一緒に美濃の経営にあたっているけれど、いずれ袂《たもと》を分かつ時が来ることを見越している。その用意としては、南方の脅威である信秀と結んでおくのが得策である。

ここで動いたのが、またも平手政秀である。細かな心遣《こころづか》いのできる人物だったようであり、外交担当者や揉《も》め事《ごと》の仲介者として得がたい人材だったと評価できるだろう。

平手の努力が実り、天文十七年のうちに織田・斎藤の和睦は成立した。和睦の条件として、信秀の嫡男信長のもとに道三の娘が嫁ぐことになった。

道三の娘とは「濃姫《のうひめ》」と呼ばれている女性である。ただし、「濃姫」というのは、美濃出身の姫という意味だろうから、本名ではなかろう。俗書には「帰蝶《きちよう》」とあるが、確かではない。婚約時、信長は一五歳、濃姫は一四歳と伝わっている。結婚は翌年、つまり天文十八年になってからと思われる。

濃姫《のうひめ》(帰蝶《きちよう》)の謎

信長の正室になった斎藤道三の娘濃姫（帰蝶）は、謎に包まれた女性である。『信長公記』には、信長に輿入《こしい》れしたということだけで、その後の消息についての記載はまったくない。岐阜市にある常在寺《じようざいじ》に伝わってきた斎藤道三像は、父の死後に濃姫が寄贈したものと『美濃国諸旧記』などに書かれているが、確かではない。道三の死後まもなく亡くなったとも、美濃に帰されたとも言われていた。

しかし、道三の死から十三年もたってから、濃姫らしい女性が確かな史料に現われる。それは、『言継卿記』の永禄十二（一五六九）年七月二十七日条の記事である。

その頃、山科言継は、後奈良《ごなら》天皇の十三回忌の法会《ほうえ》費用調達のため、岐阜に滞在していた。その時に耳にして書き留《と》めたもので、次の通りの記事である。

「信長が斎藤義龍《よしたつ》［濃姫の兄にあたる］の未亡人が持っている壺《つぼ》を所望した。それに対して未亡人は強く拒否し、信長がこれ以上強引な態度に出るならば自害する。そうすれば、『信長本妻《ほんさい》、兄弟女子一六人自害たるべし』と言って、抵抗した」

この事件は結局、信長が壺をあきらめたことにより決着がついたが、「信長本妻」は濃姫を指すものと思われる。

この時まで濃姫が生きていたにしても、信長との間柄は冷えたものだったのではなかろうか。それは、先に示した壺をめぐる義龍未亡人の言葉から考えると、夫よりも義姉に義理立《だ》てしそうな濃姫の心が感じ取れるからである。二人の関係は、もともと政略結婚以上のものではなかったのかもしれない。

その後の濃姫はどうなったのだろうか。せめてその最期《さいご》の時だけでも、手がかりはないのだろうか。信長とともに本能寺で勇《いさ》ましく戦い、戦死したとも言われているが、創作の域《いき》を出ない。不明と言うしかないのだが、可能性のある説がこれまでふたつほど唱えられているので、それらを紹介しよう。

ひとつは、岡田正人《おかだまさひと》氏が京都の大徳寺《だいとくじ》総見院《そうけんいん》にある織田家墓所の墓および安土摠見寺《そうけんじ》所蔵の史料より推測した説。慶長十七（一六一二）年七月九日没という。これだと、信長の没後三〇年間生きたことになる（岡田氏一九九二年論文）。

もうひとつは、横山住雄氏が快川紹喜《かいせんじようき》の法語《ほうご》から推測した説。天正元（一五七三）年十二月二十五日没というものである（横山氏二〇〇七年論文）。

両説とも、残念ながら多くの支持を得ているとは言えない。今後新しい史料が現われることを待つしかなかろう。

武術者・兵法者《へいほう》・うつけ者

『信長公記』首巻には、信長と濃姫との婚姻の記事に続いて、次のような話が書かれている。あまりに有名であり、わざわざ触れることではなさそうだが、尾鰭《おひれ》がつけられ、とかく誤って伝えられがちなので、あえて取り上げる。

そこには、「信長十六・七・八までは別の御遊《おあそ》びは御座《ござ》なく、」と前置きして、具体的に青年信長の生活の様子が書かれている。

第一に気をつけなければならないことは、一六歳から一八歳だから、束縛の緩《ゆる》い独身時代ではなく、結婚後の生活ということである。のちに述べるが、信秀が死去し、信長が家督を継ぐのが一九歳。ということは、結婚してから家督を継ぐまでの期間にあてはまる。

次に気のつくことは、信長の生活ぶりには三面の性質があったことである。それは、武術者としての一面、兵法者としての一面、そして、うつけ者としての一面である。そこに書かれている、それぞれの面を整理してみよう。

①武術者としての面
・朝夕《あさゆう》、馬の稽古《けいこ》を欠かさないこと。
・夏から秋にかけて、川で水泳に励《はげ》んだこと。
・市川大介《いちかわだいすけ》を召《め》し出して、弓を稽古したこと。
・橋本一巴《はしもといっぱ》を師匠として、鉄砲を稽古したこと。

②兵法者としての面
・竹槍《たけやり》を使っての実戦練習を見て、槍《やり》は長いほうが有利と考え、三間柄《さんげんえ》・三間半柄の

槍を採用したこと。

・平田三位《ひらたさんみ》をいつも側《そば》に置いて、兵法の勉強をしたこと。

・兵法の一環として、鷹狩《たかが》りにも励んだこと。

そして、「ここに見悪《みにく》き事あり」とことわって、大うつけぶりが書かれている。

③うつけ者としての面

・町を通る時、人目をもはばからず、栗・柿・瓜《うり》をかぶり食い、餅《もち》も立ちながら食べ歩く。

・人に寄りかかったり、肩にぶら下がったりしていて、まともに歩くことがない。

①②と③とではまるで別人だが、いずれも信長の一面として書かれている。このほかに、次の記載もある。これについては、大うつけの延長とする者と好意的に見る者と、とらえ方が極端に分かれている。

「その頃の信長の格好は、湯帷子《ゆかたびら》（単衣物《ひとえもの》）の袖《そで》をはずし、半袴《はんばかま》をはき、腰に火打《ひう》ち袋《ぶくろ》などさまざまなものをぶら下げ、髪は茶筅髷《ちゃせんがみ》を紅糸《くれないいと》・萌木糸《もえぎいと》で巻き立て、太刀は朱色の鞘《さや》である。そればかりか、雑兵《ぞうひょう》の者の武具まで朱色で統一した」

この一節を筆者の太田牛一は、長槍作戦に続けて記している。つまり、信長の兵法の一環ととらえているようである。

単衣物の袖をはずしたり、半袴を着けたりするのは、動きやすさのためと考えられるし、髪を無造作《むぞうさ》に結《ゆ》うのは無駄を省《はぶ》くためと言える。袴《はかま》につけた火打ち袋などは必要品だったのだろう。信長の合理主義が象徴的に表われた風体《ふうてい》と言えよう。ただ、茶筅髪の紅糸・萌木糸、太刀や雑兵たちの武具の朱色というのは、単に信長の派手《はで》好みにすぎない。彼は若い頃から、華やかなことが好きだったのである。

ともかく、武術・兵法に著《いちじる》しく興味を示し、合理主義を貫《つらぬ》こうとするあまり、時には行儀を失《しっ》するふるまいもあったゆえ、周囲から浮き上がって見られがちだった。それが、特に年配者などには、大うつけに思われることもあった、これが若い頃の信長そのものだったのであろう。周囲の敵を欺《あざむ》くため、大うつけを装《よそお》ったという見解もあるが、そんなに長い間欺き通せるものではない。考えすぎと言えよう。

第三節　信秀の病臥《びょうが》

信長の初見《しょけん》文書

さて、信長の初見文書は、天文十八（一五四九）年十一月付けで熱田八カ村中にあてた制札《せいさつ》である（『加藤秀一氏所蔵文書』）。五カ条で構成され、熱田社の権益を保護した内容である。これは、これまで信秀が行なってきた保護を踏襲したものであろう。署名は「藤原信長」とされており、織田氏が藤原氏を称していた証《あかし》のひとつになる文書でもある。

では、この天文十八年十一月時点で、信長は織田弾正忠家の家督を継いでいたのだろうか。小瀬甫庵《おぜほあん》の『信長記』やいくつかの織田氏の系図など、信秀が同年三月三日に没し、信長がすでに跡を継いでいたとする史料もある。信秀の死没の時については第四章第一節であらためて取り上げるが、天文十八年十一月二十八日付けおよび同十九年十一月一日付けの信秀判物が現存するから、その説が誤りであることはまちがいない（『氷室光太夫《こうだゆう》家文書』）。

信長の制札の書止文言《かきとめもんごん》(末尾)は、「よって執達件《くだん》のごとし」となっている。つまり、上位者の意思を受けて命令するということである。その上位者とは、ほかならない父信秀を指すのだろう。

では、なぜ信長が父に代わって熱田の政務を執行しているのだろうか。『信長公記』首巻の記事を検討してみよう。信秀の死去に関するくだりである。

「備後守殿〔信秀〕疫癘《えきれい》〔病気〕御悩みなされ、さまざま御祈禱《きとう》、御療治《りょうち》候といえども御平癒《へいゆ》なく、終《つい》に三月三日御年《おんとし》四十二と申すに御遷化《せんげ》」

四二歳は当時にしても老年とは言えない若さだが、彼の死が突然というわけではなかったことが読み取れる。

伊勢神宮の祠官《しかん》で連歌師の荒木田守武《あらきだもりたけ》は、天文十八年四月に信秀から物を贈られているが、彼の日記には信秀を「弾正忠入道《にゅうどう》」とあり、また「若殿《わかとの》」からも贈品があったことが記されている(『荒木田守武日記』)。この時点で、信秀が病気のため第一線を退《しりぞ》いており、そのことが伊勢にまで知られていたと考えるのは、飛躍であろうか。ここに「若殿」として出てくる人物は、当然信長であろう。

また、十一月五日付けの、土岐小次郎《こじろう》あての織田寛近《とおちか》書状があるが、そのなかには、はっきりと「備後守〔信秀〕病中ゆえ」という文言がある（『村山文書』）。問題は、この文書の発給年だが、土岐頼芸が斎藤道三に追放されていること、道三と信秀の和睦後であることから、天文十九～二十年であると思われる。

天文十八年後半、三河の拠点安城城が危機に陥ったが、信秀は自ら救援に駆けつけることをしなかった。村岡幹生氏は、その時すでに信秀が病《やまい》に冒《おか》されていたからであろう、と推測している（村岡氏二〇一一年論文）。

確かに、まだ二〇歳そこそこと思われる実戦経験の乏《とぼ》しい信広を城将として、守り切れると思ったわけではなかろう。また、斎藤道三との和睦を進めながら、信長と道三娘との婚姻を急がせたのも、自分の体調に対する心配があったからかもしれない。

斎藤氏との和睦は成立したけれど、東方の強敵今川氏に対しては、さらに手を打っておかねばならない。まず信秀は、居城を古渡から、より東方の末盛へと移した。横山住雄氏は天文十八年としているが、おそらく安城城が開城する同年十一月以前のことであろう。

末盛城《すえもりじょう》

信秀の最後の居城となる末盛城は、現在の千種《ちくさ》区城山《しろやま》町に位置していた。今川氏の攻撃に備え、守備の強さを考慮した標高約四二メートルの丘陵の南端に築かれた平山城《ひらやまじろ》である。

城址《じょうし》は比較的旧状をよくとどめており、遺構をほぼ正確に観察できると評価されている。旧状がとどめられているせいか、まだ一度も発掘調査はされていない。

現在、城山《しろやま》八幡宮が建っている地の南の広場が旧本丸、愛知学院大学大学院のあたりが二の丸にあたる。本丸の西には、ほかにふたつの郭《くるわ》の跡が見られ、城郭外の南東の山麓《さんろく》に展開する城下町を囲む形で堀がめぐらされて、惣構《そうがまえ》が形成されていたという。

蓬左《ほうさ》文庫所蔵の『末盛村古城絵図』を参考にして実測した結果、本丸は東西五〇メートル、南北六〇メートル、二の丸は東西一〇〇メートル、南北六〇メートルだった。『尾張志』に載った末盛城についての記事によると、本丸は東西二四間、南北二六間、西丸（三の丸）は東西四四間、南北二四間、惣構の広さが東西一〇〇間、南北八〇間である。実際には、古文献の記事よりも広いという珍しいケースである。

第四章で述べるが、信秀はこの末盛城で最期を迎える。そして、城は信長の弟信勝が譲り受けることになる。信勝は信長との争いに敗れて殺害され、末盛城は主《あるじ》を失って廃城となった。

しかし、天正十二（一五八四）年、信長の二男信雄が羽柴《はしば》秀吉と対立して小牧《こまき》の戦いに突入した時、信雄の手によって改築された。今に残っている馬出《うまだ》し、惣構もその時に完成されたと考えられている。

今川義元《いまがわよしもと》との和睦交渉

信秀が病臥してからも、織田・今川の戦いは続いている。天文十九（一五五〇）年八月、今川軍は五万と言われる大軍で、尾張に攻め寄せた。織田軍はなんとか支えて、敵軍を国内深くまでは侵入させなかったが、今川軍は知多郡に十二月まで在陣してから帰国したという（『定光寺《じょうこうじ》文書』『本成寺文書』）。緒川・刈谷を本拠地とする水野氏はおそらく、この時に今川氏に降伏したものと思われる。

天文十七年三月の小豆坂の戦いから、ずっと今川氏の攻勢は続いている。これほど執拗《しつよう》に戦いを繰り返していた織田氏と今川氏だが、天文二十年六月頃より和睦の動きが見られるようになる。もちろん、信秀・義元が自発的に歩み寄ったわけではない。中央、すなわち将軍足利義藤《よしふじ》（のちの義輝《よしてる》）が両者の仲介に動いたのである。

六月二十八日付けで、義藤は前関白《さきのかんぱく》近衛稙家《たねいえ》に御内書《ごないしょ》を送り、信秀との和睦について義元に働きかけるよう頼んでいる（『御内書要文』）。頼まれた稙家は、その御内書の写しを添え、七月五日付けで、義元をはじめ、その家臣の太原雪斎・朝比奈泰能たちに書状を発給している（『近衛文書』）。

この天文二十年の時点では、今川方《がた》のほうが攻勢である。信秀の病勢はかなり進んでいると想像され、清須の守護代家との関係もしっくりせず、もはや尾張を束《たば》ねる力はなくなっている。近衛稙家の和睦仲介をすぐにでも受け入れる気になったのは、信秀のほうだったであろう。以後、講和へ向けての話が進められたものと思われる。

（同年）十二月五日付けで、碧海郡の明眼寺《みようげんじ》および松平氏の家臣と思われる阿部与五左衛門《あべよござえもん》にあてた義元の書状がある。その内容は、まず鳴海《なるみ》城主の山口左馬助《やまぐちさまのすけ》（教継《のりつぐ》）が味方として周囲に働きかけていることを喜び、次に信秀の依頼を聞いて、刈谷の水野を赦免《しゃめん》することにしよう、と述べている。最後に、二人で山口が成果を上げるようしっかりと支えるように、と指示している（『妙源寺文書《みょうげんじ》』）。すでに、山口が今川方《がた》になっていることが読み取れる。

鳴海城は末盛城の南約一〇キロメートル、今川氏との抗争地域に接している。山口教継は、尾張の有力国衆《くにしゅう》（国人）として、これまで信秀に協力してきた人物である。

信秀との和睦交渉はすでに始まっているのだろうが、交渉の最中に、その山口を使って尾張内に味方を増やすため画策しているということは、義元がこの講和を一時的な方便《ほうべん》にすぎないと考えている証拠と言えよう。戦国時代の和睦交渉などというものは、表面に現われた形のままには解釈できないひとつの例であろう。

信秀と信長の確執《かくしつ》

さて、信秀が病臥中と思われる天文十八（一五四九）年十一月、嫡男の信長が父の政務を代行する形で、熱田八カ村に制札を下《くだ》したことは、本節の冒頭に紹介した。

では、その後も信長が常時信秀の代役をはたしているかというと、そうではないのである。時には信長の同腹の弟信勝が似たような役割を担《にな》っている姿が見られるし、織田与《よ》十郎寛近《じゅうろうとおちか》が外交に携《たずさ》わっていることもある。信秀の後継者であるはずの信長が、必ずしも代役を一任されてはいないのである。

こうした事実に対して、村岡幹生氏は、「信秀の後継者は信長であるという前提」は再検討されるべきであるとして独自の論考を展開し、その論のなかで、信長は父の進めている今川氏との和睦には反対であり、そのため父と確執を生じていた。そして、外交面は一族の寛近が受け持っていた、との考えを述べている（村岡氏二〇一一年論文）。

信長と信勝との関係については第四章にまとめて述べるとして、ここでは寛近の外交担当のことにしぼり、筆者の見解を述べたい。

寛近の外交が見られる史料とは、十一月五日付けの土岐小次郎あて織田与十郎寛近書状である（『村山文書』）。文中に、土岐頼芸の身上を斎藤道三が保証する旨が書かれているから、美濃との和平後の文書であることは確かめられる。村岡氏は同二十年としているが、十九年の可能性もある文書である。

文書中にある「備後守［信秀］病中ゆえ、我ら方《かた》よりかくのごとくに候」というフレーズについてはすでに引用済みだが、この表現ひとつだけで、寛近＝信秀の外交代行と即断するのは早計《そうけい》ではなかろうか。

寛近は、十五世紀後半に敏定と尾張の覇権を争った敏広《としひろ》の甥《おい》（弟広近《ひろちか》の子）、つまり、岩倉の伊勢守家の傍流《ぼうりゅう》なのである。一族とはいえ、弾正忠家とは縁遠《えんどお》い存在である。しかも、かなりの老齢と思われる。信秀が外交を一任するなら、もっと近いところに適材がいたはずである。

寛近が病中の信秀の代理を務めているのは、斎藤氏あるいは土岐氏との個別的な関係によるためであり、特例と考えるべきであろう。信秀の外交全般の担当と考えることは難しいと思う。

では、誰が病中の信秀に代わり、弾正忠家の外交を担当したのだろうか。

あきらかにできる史料はもちろん存在しない。しかし、人材は信秀の周囲に何人かはいたはずである。まず、弟の信光。村岡氏はただの武辺者《ぶへんもの》としてとらえているが、のちの清須城乗っ取りの時の謀略などを考えると、信長をして警戒心を抱《いだ》かせるほどの知略と人望のある人物だったと思われる。

次に、玄蕃允秀敏《げんばのじょうひでとし》。そして、老臣で外交のベテラン平手政秀。高齢の寛近が没したあとは、美濃の道三との交渉は、彼ら二人があたったのではなかろうか。

では、信長は、父と確執が生じたがゆえに外交を外《はず》されたのだろうか。もともと、彼のような若年の者が外交に携わった例は少ない。それに、今川氏との和睦も、先に出した十二月五日付け義元書状が示す通り、実のところ、すでに破綻を来《きた》しているのである。父子の確執が原因と断定するには無理がある、と思わざるを得ない。

第四章

信秀の後継をめぐる争い

紺糸威胴丸具足《こんいとおどしどうまるぐそく》。丹波柏原《たんばかいばら》藩に伝来、信長着用とされる。胴は黒漆塗《くろうるしぬり》の本《ほん》小札《こざね》を紺糸でつづり合わせ、兜《かぶと》には織田家家紋《かもん》と鍬形《くわがた》の前立物《まえだてもの》がつく。織田信重が建勲《けんくん》神社に奉納

第一節　信秀の病死と、その影響

信秀の没年月日の謎

信秀が天文十八（一五四九）年あたりから病魔に冒《おか》されて、しばらく臥《ふ》せりがちだったことは、前章で詳述した。その後、信秀は薬石《やくせき》効なく、死没に至る。では、信秀の死没年月日はいつなのだろうか。

これが、意外なほどわかりづらいのである。最初に、基本史料である『信長公記』首巻の記事を、もう一度引用してみよう。

「備後守殿〔信秀〕疫癘《えきれい》〔病気〕御悩みなされ、さまざま御祈禱《きとう》、御療治《りようち》候といえども御平癒《へいゆ》なく、終《つい》に三月三日御年《おんとし》四十二と申すに御遷化《せんげ》」

つまり、命日《めいにち》、没年齢は書かれているが、肝心《かんじん》の没年の記載がないのである。では、信秀の死没の年は伝わっていないのか。

そんなことはない。さまざまな史料に記載されている。では、それらには何年と書かれているのか。『続群書類従』所収の『織田系図』、『系図纂要』の「織田氏系図」、その他さまざまな織田氏の系図、『寛永諸家系図伝』『寛政重修諸家譜《ちょうしゅうしょかふ》』などといった系図類、それに小瀬甫庵の著《あらわ》した『信長記』。いずれも、天文十八年三月三日と記されている。

しかし、第三章第三節で述べた通り、天文十八年十一月二十八日付け、および同十九年十一月一日付けの信秀判物があるから、それが誤りであることはまちがいない。右に挙げた史料は、いずれも江戸時代になってから成立したもので、全幅の信頼を寄せることはできないものばかりである。

では、これらの文書と矛盾《むじゅん》しない死没年月日を記載した史料は、存在するのだろうか。次のような史料が見られる。

A天文二十年三月三日説——『織田家雑録《ざつろく》』『箕水漫録《きすいまんろく》』
B天文二十一年三月九日説——『定光寺年代記』

AとBとはわずか一年の違いにすぎないが、前章で述べた通り、この一年は尾張の内外ともに情勢の変化が激しい。たとえば、同二十年六月頃より、近衛稙家を仲介者として今川氏との交渉が進んでいるかに見えるが、もし信秀が同二十年三月に没していたとしたら、今川氏の交渉相手はその後継者（おそらく信長）ということになる。

Aの天文二十年説を採る『織田家雑録』は、筆者不明だが、江戸時代初期の成立であることはまちがいない。『箕水漫録』は、水戸の儒学者石川《いしかわ》箕水が江戸時代後期に著したものである。しかし、信秀の菩提寺万松寺にある位牌《いはい》による、とされている。ちなみに、江戸時代後期に成立した地誌、『張州府志《ふし》』および『尾張志』も、天文二十年説を採っている。これらの記事も、万松寺の位牌にもとづいて書かれたのかもしれない。

これに対して、Bの天文二十一年説は『定光寺年代記』のみだが、史料としての質を比較するならば、A説の典拠としたどの史料よりも上である。過去帳も同じだが、位牌にしても、必ずしもそのまま信用できるとは限らない。

ところで、信秀の没年については、かなり以前に横山住雄氏が綿密な考察を行なっており、『愛知県史』をはじめとする最近の業績のなかでも、その結論が採り入れられつつある（横山氏一九九三年著書）。ここで、その考察過程を紹介し、信秀の没年月日を確認することにしよう。横山氏が考察のために用いているのは、次の三文書である。

①天文十九年十二月二十三日付け、座主《ざす》（熱田座主憲信《けんしん》）あて、信長判物（『密蔵院文書』）

②天文二十年九月二十日付け、熱田座主（憲信）あて、勘十郎《かんじゆうろう》信勝判物（『密蔵院文書』）

③天文二十一年十月二十一日付け、玄蕃允（織田秀敏）あて、三郎信長判物（『尊経閣《そんけいかく》古文書纂』）

これらの文書中に、信秀が登場する。

まず①の文書、「備後守［信秀］判形《はんぎよう》の旨《むね》に任《まか》せ」。

次に②の文書、「備後守ならびに三郎先判《せんぱん》の旨に任せ」。

最後に③の文書、「桃岩《とうがん》［信秀］判形の旨に任せ」。

信秀は、生前に法名「桃岩（桃巌）」を称したことはない。ということは、②と③の間で死没したことになる。したがって、Aの没年月日は誤りというのが横山氏の結論である。この結論に従いたい。

では、命日も三月九日に訂正されるべきなのだろうか。『定光寺年代記』は良質の史料だが、それでも細かいところに誤りはある。信秀の命日が三月三日だということは、信憑性に問題があるとはいえ、諸史料が一致していることである。ここは三月三日のほうを採るべきではないだろうか。

あらためて、信秀の没年月日は天文二十一年三月三日、と結論づけておきたい。

信秀死去の影響

最後の数年間は苦戦を強《し》いられる状態だったとはいえ、尾張においてはやはり信秀が第一の実力者だったことに変わりない。天文十八（一五四九）年頃から信秀は床《とこ》に臥《ふ》せりがちで、思うように軍事活動に携《たずさ》われなかったと思われるが、なんとか今川軍の攻勢を防ぎ止めていた。弟信光や叔父秀敏あたりが代理として活躍していたのだろうか。

日にちについてはわからないが、死後まもなく信秀の葬儀が万松寺で営《いとな》まれた。国中の僧侶が三〇〇人も招集された、盛大な葬儀だったという。喪主である信長が袴《はかま》もはかず太刀・脇差《わきざし》を三五縄《みごなわ》で無造作に留《と》めた異装で現われ、抹香《まっこう》を仏前に投げつけたという有名な逸話は、この時のことである。

盛大な葬儀ということは、信秀の死はまったく秘匿《ひとく》されることはなかった、ということである。病臥中とはいえ、信秀が生きている限り、周囲の敵は思い切った行動に出てこられなかった。弾正忠家にとって、信秀の存在はそれほど大きなものであった。

まず、信秀が進めようとしていた今川氏との講和交渉は、彼の死によって立《た》ち消《ぎ》えになったものと思われる。第三章第三節で述べた通り、もともと義元にとって積極的ではなかった講和交渉である。自然消滅のような形になったのであろう。

その今川氏と通じて、愛知郡鳴海城の山口教継が弾正忠家に背《そむ》いた、と『信長公記』首巻にある。その部分を引用しよう。

「鳴海の城主山口《やまぐち》左馬助《さまのすけ》［教継］・子息九郎二郎《くろうじろう》、廿年《はたちのとし》、父子、織田備後守殿［信秀］御《お》目《め》を懸《か》けられ候《そうろう》処《ところ》、御遷化《ごせんげ》候えば程《ほど》なく謀叛《むほん》を企《くわだ》て、駿河衆を引入《ひきい》れ、尾州《びしゅう》［尾張］の内へ乱入。沙汰《さた》の限りの次第なり」

この文面からは、信秀が死ぬとすぐに今川氏に通じたかのように思われるが、遅くとも前年から山口が義元と連絡していたことは、第三章第三節で述べた通りである。信秀の死を契機に、今川の兵を引き入れるなど露骨《ろこつ》な敵対行動に出てきたということである。

義元にしても、和睦交渉に応じながらも、本心は軍事的に尾張を侵略する機会をねらっていた。信秀が死んで弾正忠家の求心力が失われ、山口が積極的に動いてくれたこのチャンスに愛知郡へと進出しようとしたのである。

信秀の死に付け込んでくる敵は、山口ばかりではない。清須勢力も付け入る隙《すき》をねらっている。

清須城には、守護斯波義統、守護代織田彦五郎がいる。しかし、彼らにはもう実権がなく、又代《まただい》家の坂井大膳、そのほか坂井甚介・河尻与一・織田三位《さんみ》などが城内を動かしていた。彼らのなかでも、坂井大膳が全体を仕切っていたらしい。

この清須勢力とは天文十七年十一月頃に戦いとなり、いったん和睦したものの、もとのような協力関係には戻っていなかった。信秀の死は、そうした不安定な関係を決定的に引《ひ》き裂《さ》く契機になる出来事だったのである。

第二節　後継候補

信秀の息子たち

これまで、信長が信秀の死後、その後継者として、当然のように弾正忠家の家督になった、と思われてきた。それに対して、村岡幹生氏が再検討を試みたことは、第三章で触れた通りである。また、信長の強力なライバルとして、同母弟《どうぼてい》信勝の存在が取り上げられていることも触れた。ここでは、その説を念頭に置きながら、信秀の後継者について、最初から検討し直したい。

まずは信秀の子全体を見渡すところから始めるが、誤解されていることがいくつかある。寄り道になってしまうけれど、その誤解を正《ただ》すところから話を始めたい。

信秀は子福者《こぶくしゃ》である。息子は十二人、娘ははっきりしないが一〇人以上はいたらしい。娘のほうはさておき、息子十二人について見てみよう。ほとんどの織田氏の系図は、次の順に並べている。

信広《のぶひろ》、信長、信行《のぶゆき》、信包《のぶかね》、信治《のぶはる》、信時《のぶとき》、信興《のぶおき》（信与《のぶとも》とも）、秀孝《ひでたか》、秀成《ひでなり》、信照《のぶてる》、長益《ながます》、長利《ながとし》（長則《ながのり》とも）。

十二人のなかには、一次史料で確かめられない者もいるが、存在自体を否定することもなかろう。ただ、諱《いみな》と長幼《ちょうよう》順についても、一部再検討が必要である。

まず、諱について見てみよう。検討を要するのは、信行と信時である。文書には別の諱が記されているからである。

信行の通称は勘十郎だが、「勘十郎信勝」「信勝」と書かれた発給文書がある（『密蔵院文書』『加藤景美氏所蔵文書』）。そのほか、「達成《みちなり》」「信成《のぶなり》」と名乗った文書も見られる（『加藤文書』）。「信行」を名乗ったことはない、と断言できないけれど、文書を通じてはその証《あかし》は得られない。今後、彼を指す場合は、確かな諱のなかで事例の多い「信勝」を用いるのが適当ではなかろうか。

信時の諱も、再検討が必要である。信時は系図に「安房守《あわのかみ》」とあり、『信長公記』首巻にも信長の兄弟の「安房守」として登場している。しかし、弘治《こうじ》二（一五五六）年二月付けで雲興寺《うんこうじ》に下《くだ》された禁制には「安房守秀俊《ひでとし》」という名が記されている（『雲興寺文書』）。

『信長公記』によると、安房守は家臣に殺害されるのだが、弘治二年二月はまだ存命中と思われるから、この禁制の発給者が信長の兄弟の「安房守」と同一人である可能性は高い。信時（安房守）は、文書で確かめられる「秀俊」に訂正しておくべきであろう。

信治・信興（信與）・秀孝・秀成・信照・長利（長則）については、文書など確実な史料で諱を確かめることができないので、系図にある通りにしておくことにする。信興と信與、長利と長則は筆写する時の誤記による違いと思われるが、どちらが正しいのかわからないので、とりあえず信興・長利にしておく。

次に、長幼順について検討したい。ここで問題になるのは、諱の再検討で取り上げた信時（安房守秀俊）と、八男とされてきた秀孝の二人である。

まず、信時（秀俊）だが、彼は系図では信秀の六男になっているが、もっと上のように思われるのである。

『信長公記』首巻によると、守山城主の織田信次（信長の叔父）の家臣が誤って信長の弟の秀孝を射殺したため、信次は信長らの報復を恐れて出奔《しゅっぽん》してしまう。『定光寺年代記』では、これを弘治元年の出来事にしている。そして、城主のいなくなった守山城には、

「安房守」が入れられたという。

ところが、その後、安房守は坂井孫平次《さかいまごへいじ》という少年と男色関係になって彼ばかりを寵愛《ちょうあい》したため、それを恨《うら》んだ家老の角田新五《つのだしんご》に攻め殺されてしまう。守山城主になった翌年のことという。

安房守の生年《せいねん》はわからない。しかし、系図で四男とされている信包の生年はわかる。慶長十九（一六一四）年、七二歳で没（『寛永諸家系図伝』ほか。『東大寺《とうだいじ》雑事記』には六七歳とあるが、それでは十一男の長益より年下になってしまう）というから、天文十二（一五四三）年の生まれである。安房守がその弟だとしたら、その没年齢がせいぜい十三、四歳、経歴に照らすと、まったく不自然になってしまう。

『信長公記』首巻に、次の文言がある。

「織田三郎五郎［信広］殿と申すは、信長公の御腹《おはら》かわりの御舎兄《ごしやけい》なり。その弟に安房守殿と申し候いて、利口《りこう》なる人あり」

安房守が信長の弟なら、たとえ異腹《いふく》であっても、太田牛一は「信長公弟」と記しただろう。信広の弟と表現しているのは、彼が信広の同母弟ながらも、信長の弟ではなかったからではないか。安房守は信秀の二男で信長の異母兄《いぼけい》だった、と結論したい。

次に、弘治元年に誤殺された喜六郎《きろくろう》秀孝は、信秀の八男でよいのだろうか。『信長公記』首巻の記録を見ると、射殺された時の秀孝の容貌《ようぼう》について、「御歳《おんとし》の齢《よわい》十五、六にして、御膚《おはだ》は白粉《おしろい》のごとく」云々《うんぬん》と表現している。当時十三歳だった信包より年長としたほうがよかろう。

このように再検討すると、信秀の息子の長幼順は、次の通りに訂正したほうがよさそうである。

信広、秀俊（信時）、信長、信勝（信行）、秀孝、信包、信治、信興、信照、秀成、長益、長利。

後継候補たち

信秀の息子十二人の名を挙げたけれど、そのなかで信秀の跡取りになる資格を持つ者というと、ごく一部に限られる。天文十八（一五四九）年に信秀が病臥したとして、その時点における後継候補をしぼってみよう。

まず、年齢による条件である。判明する者は、三男信長が一六歳、六男信包が七歳、十一男長益が三歳、不確かだが五男秀孝が九〜一〇歳といったところ。その前後の兄弟のおよその年齢は、推測できるだろう。

長男の信広は、天文十七年頃より安城城の城将を務めているから、信秀の若年時《じやくねん》の子で、すでに二〇歳ぐらいになっていたと思われる。そして、秀俊（信時）が信広と信長の中間の一八歳前後、四男信勝は信長より二、三歳下の十三〜十四歳といったところであろう。

次に、母親の出自による条件である。正室からの生まれであると、嫡出子《ちやくしゆっし》として庶出子《しよしゆっし》とは格別の扱いを受けるのが普通である。嫡出子、つまり正室土田氏の腹《はら》の子は三男信長、四男信勝が確実、それに六男の信包もそうではないかと言われている。庶出子は、嫡出子が死亡するか、なんらかの事情によって資格が失われた場合のみ跡取りになる可能性があるのである。

こうして見てくると、なんと言っても信長が跡取りの第一候補であり、彼に何かがあった時は信勝、二人とも資格を失った時のみ信広、といったところであろう。

ただ、戦国期では、嫡出長子《ちゃくしゅつちょうし》相続が絶対条件とまでは言えない。器量の評価によって、跡取りが決められることもあった。その場合、現当主が跡取りを指名し、家臣が支持して後継者が決まるという段取りである。

しかし、嫡出長子相続の原則から外《はず》れた場合の多くのケースではトラブルが発生している。だから、実際には、ほとんどの戦国大名の家で嫡出長子相続がなされている。なおかつ、早めに跡取りを決めておくことが、家の安泰を保つ最良の方策であった。

信秀は、病臥するかなり前から、「跡取り=信長」と決め、周囲にもそれを披露《ひろう》した。それは、那古野城を譲った時と見なしてよかろう。『信長公記』には、信長が幼《おさな》い時に四人の家老をつけられて那古野城を譲られたとあるが、そんな早い時期ではない。おそらく信長が十三歳で元服する直前であろう、というのが筆者の推測である。

信勝・信広はいちおう有資格者であり、ライバルであったけれど、信長との間にはかなりの格差があったと考えるべきである。信長に大きな過失があった場合のみ、第二候補の信勝にチャンスがある、といったところであろう。

先に引用した『荒木田守武日記』天文十八年四月条に書かれた「若殿」は信長を指すも

のと思われるし、同年十一月付けの熱田八カ村あて信長制札もある。ここまでは、順調に後継者としての道を歩んでいたと言ってよい。その後、信秀の死に至るまで、「跡取りは信長」という信秀の意思が続いていたかどうか、が問題とされることなのである。

第三節　信長と信勝《のぶかつ》

弟信勝

前に紹介した通り、信長発給の初見文書は、熱田八カ村あての天文十八（一五四九）年十一月付け制札であり、信秀生前のものである。信勝の初見文書はというと、やはり信秀の生前に出された天文二十年九月二十日付けのもので、熱田社座主にあてた判物である（『密蔵院文書』）。

信勝の判物は、熱田座主憲信に、「備後守［信秀］ならびに三郎［信長］先判の旨に任せて」笠覆寺《りゅうふくじ》の参銭《さんせん》（賽銭《さいせん》）徴収権を認めたものである。ここに「三郎先判」と書かれているのは、つい九カ月前の前年十二月二十三日、信長が憲信に対し、以前の信秀による認可の通り、同じ笠寺《かさでら》（笠覆寺）別当《べっとう》職と、それに付随する知行と参銭徴収権を安堵しているからである（『密蔵院文書』）。

つまり、熱田社に対する統治権が、この間に信長から信勝へと移行したと考えられるのである。村岡幹生氏は、信勝が末盛城に同居している信秀の意思として行なったものとしている。実際に信秀が行なわせたかはともかく、信勝が父の承認のもとに権限を行使しようとしていることは、文面からも見て取ることができる。

さらに、天文十九年か同二十年と思われる、四月十日付け賀藤左助《かとうさすけ》（加藤元隆《もとたか》）あて信長判物では、熱田西《にし》加藤家の元隆に愛知郡大瀬古《おおせこ》の余五郎《よごろう》という者から座を買得《ばいとく》することを認めているのだが、文中に「委細《いさい》勘十郎［信勝］理《ことわ》り申し候条《そうろうじょう》、別義《べつぎ》なく申し付け候」との文言がある（『加藤家文書』）。

おそらく、余五郎が信勝の支配下など、なんらかの形で信勝が関係したケースなのだろう。信秀の代行を務めているはずの信長が、「信勝が説《と》いた通りに」などとわざわざことわっているあたりに、信勝の権限を無視できない事情を感じることができる。

これら二例によって、信秀の生前に、信勝が弾正忠家の領域内にある程度の独立的な権限を有していたことが知られる。

しかし、そこから弾正忠家の家督見直し、つまり信長と信勝との分割相続に結び付けるのは無理があると思う。信秀の家督時代の初期より、弾正忠家の持つ権限の一部を、兄弟や近親に分与するという形が慣例化されている。信秀の弟の信光が守山へ、弟信康の子信《のぶ》清《きよ》が犬山《いぬやま》へと封じられているのが、その例である。信長と同じ嫡出子である信勝に、権限を分与したとしても不自然ではない。

日《ひ》に日《ひ》に衰弱する我が身を顧《かえり》みて、信秀が不安にさいなまれていたことはまちがいない。不安の最大の原因は、跡取り信長との対立などではなかろう。まず息子たちがまだ若年なこと、そして後継者信長の結婚後も止《や》まない大うつけの行動であろう。

かといって、ここで彼を廃嫡《はいちゃく》するのはもちろん、分割相続した時の家中の混乱を予測できない信秀ではあるまい。『織田系図』（『続群書類従』所収）の信光項《こう》に、「爾後《じご》、信秀遺言により、信長・信光相《あい》たがいに父子の思いをなす」とある。後世にできた系図類に書かれたことなど、そのまま信用はできないけれど、ここにあるように、跡取り信長を盛《も》り立てよと信光たちに頼むのが、この時の信秀がなすべきことではないか。

そして、いよいよ信秀が死去、信長の奇行で有名な万松寺での葬儀を迎える。

村岡氏は、この葬儀は信長・信勝二人喪主による葬儀だったとする。その理由としているのは、信秀最晩年の今川氏との和睦をめぐっての二人の確執である。そして、葬儀の場での信長の奇行は、父に対する鬱憤《うっぷん》晴《ば》らしの演技だったとしている（村岡氏二〇一一年論文）。しかし、その解釈は無理であろう。

信秀の葬儀における信長の奇行について、筑紫《つくし》の客僧《きゃくそう》の「あれこそ国は持つ人よ」という言葉は後世の創作であろうが、たとえば信長が異装で現われたこと、対照的に信勝が「折目《おりめ》高なる肩衣《かたぎぬ》・袴《はかま》めし候て」など概略の様子については、おおむね太田牛一の記述の通りと考えてよかろう。『信長公記』首巻の記事を大略は信じることを前提としたいという姿勢は、筆者も村岡氏と同じである。

『信長公記』首巻の葬儀の記事のすぐあとに、次のような文がある。

「末盛《すえもり》の城《しろ》勘十郎公《こう》へまいり、柴田権六《しばたごんろく》［勝家《かついえ》］・佐久間次右衛門《さくまじえもん》、このほか歴々相添《れきれきあいそ》え御譲《おゆず》りなり」

村岡氏は、ここで譲られたものは「家督」である、と断じている。そして、信秀の最晩年から信長・信勝の分割相続へと話が進んでおり、それを確認したという意味だ、ととらえている。だが、このフレーズは、信秀が最後に居城にしていた末盛城を、一部の老臣と一緒に信勝に譲った、との解釈でよいのではなかろうか。すなわち、譲られたのは末盛城であり、譲った主体は新家督の信長ということであろう。

信長のデビュー戦

第一節で述べたように、愛知郡鳴海城主の山口教継は、信秀の生前より今川氏に通じており、信秀が没するや、露骨に反逆してきた。教継は、息子の九郎二郎を鳴海城に置き、笠寺に砦を構《かま》えて、そこに今川氏から派遣された五人の将を入れた。そして、自分は中村に築いた砦の守備を固めた。

天文二十一（一五五二）年四月十七日、信長は八〇〇ほどの兵を率いて那古野城を出陣、古鳴海《こなるみ》の三《さん》の山《やま》という高地に着陣した。敵の九郎二郎も鳴海城を出陣し、赤塚へと向かった。一五〇〇ばかりの人数、信長のおよそ二倍である。それを見て、信長も三の山を動いた。両軍は赤塚の地で衝突、入り乱れた接近戦になり、近距離からの矢の射《い》かけ合い、叩《たた》き合いが繰り返された。矢に射られて落馬した者をめぐって、両方から引っ張り合うという光景も見られたという。

山口の兵も、もともとは織田家に従っていた者たちである。おたがい顔見知りが多かった。午前十時頃から正午頃まで戦ったが、結局勝負がつかず、引き分けることになる。知り合っている間柄だけに、引き分けたあと、戦いのなかで生け捕《いど》りになった者の交換が行なわれた。それだけでなく、敵陣に逃げ込んだ馬をも交換し合ったという。その後、信長も九郎二郎も軍を返した。

この戦いは、信長の軍だけでも三〇人が討ち死にする激戦だったと、『信長公記』首巻にある。しかし、何か疑わしい。山口教継は真剣に今川氏に忠誠を尽《つ》くす気でいただろうが、息子の九郎二郎と信長とは、言わば幼馴染《おさななじみ》の間柄である。しかも、敵味方の兵が知り合い同士という戦いである。わずか二時間ほどの戦いで引き分けたあたり、何か「八百長《やおちょう》」のような感じがしないでもない。

この戦いよりも、四カ月後に起こった萱津《かやつ》の戦いのほうが激戦であり、信長にとって意義深い戦いである。同年八月十五日、坂井大膳を中心とする清須勢力が、海東郡の松葉《まつば》城と深田《ふかだ》城を攻撃して人質を取り、占領してしまったのである。松葉城の織田伊賀守《いがのかみ》、深田城の織田右衛門尉《うえもんのじょう》、いずれも織田一族であり、弾正忠家に従っていた者たちである。

信長はこの報を受けて、翌十六日早朝のうちに出陣する。稲葉地《いなばじ》まで進んだところで、守山から駆けつけた信光軍と合流する。末盛からも柴田勝家が一軍を率いて到着したようである。信長たちの軍はそこから庄内《しょうない》川を渡って、北方へ向かった。この織田軍の動きに対して、清須からも出撃してきた。大膳に次ぐ実力者坂井甚介が率いる軍勢である。

午前八時頃、両軍は萱津の原で激突した。数刻《すうこく》におよぶ戦いの末、清須方《がた》は主立《おもだ》った者を含めて五〇人ほどが討ち取られ、信長たちの勝利となった。敵の主将坂井甚介は、柴田勝家と中条家忠《ちゅうじょういえただ》の二人が一緒に討ち取ったという。

松葉城と深田城に籠《こ》もっていた敵勢《てきぜい》も城を出て、救援に来たが、信長たちの軍は、これらに対しても攻撃を加えて追い返した。これによって、両城の敵は降参、開城して、清須に引き上げてしまったのである。

この萱津の戦いは、信長単独の戦いではなく、弾正忠家一族・一派こぞって清須守護代家と戦ったものと村岡幹生氏は言う。

確かに、戦いには守山の信光も参加しているし、末盛からも柴田が参陣している。しかし、いったい誰が総大将を務めたというのだろうか。信長をおいてあるまい。信勝は老臣の柴田を代理として派遣しただけで、末盛城を動こうとしなかった。萱津の戦いは、信長が総大将として弾正忠家の軍勢全体を指揮し、信光が副将格としてそれを支えて勝利した戦いだったのである。

この萱津の戦いの勝利により、弾正忠家の新家督信長は家中にその地位を認めさせただけでなく、父信秀に劣らない戦闘力を持った男であることを尾張国内に示すことになったものと思われる。

斎藤道三の気遣《きづか》い

信長の舅《しゅうと》斎藤道三が、信長の大叔父《おおおじ》織田玄蕃允（秀敏）にあてた一通の書状がある。日付けは六月二十二日、「御札《おんさつ》拝見申し候」から始まっているから、玄蕃允が道三に送った手紙の返書であることがわかる。続けて「御家中《ごかちゅう》の躰《てい》、仰《おお》せのごとく外聞然《がいぶんしか》るべからざる次第に候」とあるから、玄蕃允は道三に弾正忠家がまとまらず、たいへんみっともない状態になっていることを嘆《なげ》いたらしい。

これに対して道三は、私も気遣《きづか》っている。捨て置くわけにはいかないから、我々がともに相談するのがよろしかろう。これから何度も使者から様子をうかがうことにしよう、と持ちかけている。最後の心遣《こころづか》いがなかなかよい。

「三郎殿様御若年《ごじゃくねん》の義に候。万端《ばんたん》御苦労もっともたるべく候」

三郎殿様、つまり家督である信長がまだ若いため、あなたが何かとご苦労していることと、よくわかります、という労《いたわ》りの言葉である。若い婿《むこ》への思いやりと、それを補佐する大叔父に対する慰労《いろう》。戦国の梟雄《きょうゆう》、後世「まむし」と呼ばれる斎藤道三のイメージがここにはない。道三はもうそろそろ六〇歳、玄蕃允も信長の大叔父だから似たような年配だろう。老人同士、交流を重ねるうちに親しさを感じ合ったのかもしれない。

ところで、ここで問題にするのは、この書状の年次である。次項に述べる、有名な聖《しょう》徳寺《とくじ》の会見が天文二十二（一五五三）年四月とすると、それより前に置いたほうがよさそうだ。道三が信長についてよく知らず、ただの若者というイメージで述べているからである。そう考えると、信長が家督を継いだ年、天文二十一年に比定するしかない。

二人の老人が手紙をやりとりした二カ月後、信長は弾正忠家の総大将として萱津の戦いで清須軍に大勝し、信秀に劣らぬ戦闘力を備えた家督であることを実証することになる。

玄蕃允と言えば、同年十月二十一日、信長は中村方三郷《なかむらかたさんごう》の地を玄蕃允に安堵している(『尊経閣古文書纂』)。安堵状のなかに「桃岩《とうがん》[信秀]判形の旨に任せ」のフレーズがあるから、これは代替わり安堵であり、弾正忠家の家督としての行動である。敵の多い弾正忠家のなかでの信頼できる存在が、この大叔父であった。

聖徳寺《しょうとくじ》の会見

信長と斎藤道三が美濃との境界に近い、尾張聖徳寺で会見したことは、さまざまな逸話とともに語られている。あまりにも有名な話なので、細かいことは省略する。

概略だけ述べると、いつもの通りの大うつけの身なりで、大勢の伴《とも》を従えてやってきた信長を、道三は町屋で密《ひそ》かに観察する。ところが、道三の前に現われた信長はすっかり正装しており、その態度も堂々として、ともすれば道三のほうが圧倒されそうだった。「笑いものにしてやろう」と考えていた道三側は、逆に度肝《どぎも》を抜かれる思いだった。

信長が伴を従えて去るのを道三は見送ったが、信長方《がた》の兵の持つ槍が長いのに対し、周囲にいる自分の兵の槍は短い。道三はそんなことにも興《きよう》を醒《さ》ました。帰る途中、道三がむっつりしているのを見た家臣が慰《なぐさ》めようとしたのか、「やはり信長殿はたわけですな」と言ったのに対し、道三は次のように返答した。

「残念ながら我が子たちは、そのたわけの門の外に馬を繋《つな》ぐことになるだろうよ」

それ以後、道三の前で信長のことを「たわけ」と言う者はなくなったということである。

この会見について、いくつか考察がある。その第一、この会見はいつのことか。『信長公記』首巻には「四月下旬の事《こと》に候」とある。『信長公記』の首巻は「一、□□」で始まる一《ひと》つ書き形式だから、普通、年の記載はない。しかし、月日の記述はほぼまちがいないと言えるほど正確である。問題は、天文二十一（一五五二）年か同二十二年かということである。

二十一年とすると、信秀が死んだ翌月であり、あまりにもあわただしい。また、その頃はまだ平手政秀が健在である。信長を諌《いさ》めるためとも、信長との家中での対立とも言われ、動機ははっきりしないが、平手は信秀没後しばらくして切腹している。『高野山《こうやさん》過去帳』等によると、天文二十二年閏《うるう》一月十三日のことだという。

道三との会見という件に平手の姿が見えないのは、やはり彼の死後のこと、すなわち天文二十二年四月下旬だったのではなかろうか。

その第二、信長が途中、大うつけの姿のままで向かったのは、道三たちを油断させるための手段だったのか。

第三章第二節で、信長の大うつけは、周囲を欺《あざむ》くための装《よそお》いではなかった、と述べた。要するに信長にとって、例の奇装と見られる姿はふだんのままの姿にすぎなかったのである。道三に見せつけるために、わざわざ奇《き》を衒《てら》ったわけではあるまい。そんな芝居に引っかかる道三ではない。道三が感服したのは、ふだんは完全にマイペースな男なのに、いざという時は堂々とふるまえるところであろう。大うつけの噂《うわさ》の陰《かげ》にある真実の信長像を知ったという驚きだったと思う。

その第三、二人の会見では、顔合わせだけでなく、何かの話し合いが行なわれたのか。

信秀と道三が五年前に行なった講和では、おそらく領土協定と信長・濃姫の婚姻だけだったものと思われる。それが、この時の信長と道三の会見によって、織田・斎藤の軍事同盟にまで発展したのではなかろうか。この翌年一月の村木砦攻めの時、美濃から援兵《えんぺい》を派遣してもらっていることから、それがうかがえる。

この会見以後、斎藤道三は信長を支える強力な存在になってくれるのである。

第四節　兄弟の家督《かとく》争い

信長の外交力

前節では、信長の斎藤道三とのつきあいについて述べた。対道三だけでなく、信長は織田弾正忠家の家督を継いだ直後から、思い切りのよい外交を推《お》し進めて、敵対勢力との対決を図《はか》っている。

当時の敵対勢力と言えば、なんと言っても今川氏である。この大敵に対しては、道三と軍事同盟を組むことによって対抗する形を作った。

次に、清須の守護代織田彦五郎とそれを操《あやつ》る又代《まただい》の坂井大膳たち。この敵対勢力に対しては、守護の斯波義統と接近することによって、対抗しようとしたようである。

さらに、もっと近くにも敵がいた。身内の反対勢力である。具体的には、信勝とそれを担《かつ》ぐ老臣たち。始末の悪いことに、信長の第一の家老林秀貞さえ、主君信長に不信感を持っていたのである。そのほか、異母兄の信広も信長に服従しておらず、後ろ盾《うしだて》になる実力者さえいればいつでも謀反《むほん》を起こそうという有様《ありさま》だったのである。これに対して信長は、守山城主である叔父の信光を味方につけて対抗する姿勢を取った。

道三との会見から三カ月後、清須城内でたいへんな事件が起こった。守護の斯波義統が殺害されたのである。守護代織田彦五郎によるクーデターである。彦五郎が表《おもて》に立ってはいたが、陰《かげ》で糸を引いていたのは、坂井大膳たち一派である。義統の嫡男岩龍丸（のちの義銀《よしかね》）が、屈強な若侍《わかざむらい》たちを引き連れて川遊びに外出した隙《すき》をついての行動だったという。

父の最期を聞いた岩龍丸はそのまま那古野城へ逃れてきて、信長に保護を求めた。守護の正統な後継者を手元に置くことによって、信長は大義名分《たいぎめいぶん》を手に入れることができたのである。信長は早速、柴田勝家の軍を清須に出動させ、成願寺《じょうがんじ》の戦いでかなりの成果を上げることができた。

この後の清須城の内部は、かなり混乱した状態だったようだ。トップとして織田彦五郎がいたけれど、実権は坂井大膳が握っている。しかし、その大膳にしても、信長との戦《いくさ》のたびに盟友を失い、孤立感を深めていった。そこで、策士の大膳は、彦五郎とともに両守護代として奉《たてまつ》るという条件で信光に近づき、苦境を脱しようとした。信光を信長から離反させるのがねらいだったものと思われる。

しかし、策謀では信長・信光側のほうが上手《うわて》だった。翌年四月二十日、承知したふりをして清須城に入った信光は、やにわに軍勢を起こして城を乗っ取ってしまった。彦五郎は城内で討ち取られたが、大膳は事前に気配《けはい》を察して遁走《とんそう》した。信長と信光二人の共謀だった。

翌月、信長は那古野城を信光に譲渡し、自分は清須城に移った。清須城はもともと守護の居城である。ゆえに、信長は保護している義銀を招き、同居させた。信長にとって、義銀は当分の間、大切な「玉《ぎょく》」なのである。

いっぽう、斎藤道三との軍事同盟も効果を上げた。

聖徳寺の会見の翌年一月、清須城乗っ取りの三カ月前になるが、今川氏が水野信元の緒川城攻略を企《くわだ》てた。そして、緒川城の北方に付城《つけじろ》として、村木砦を築いた。水野信元は、織田・今川の接点に位置して、この一〇年間ずっと織田方《がた》を貫《つらぬ》いてきた貴重な味方である。ここで見捨てるわけにはいかない。

緒川城救援を決意した信長だが、清須勢に留守中の那古野城を襲《おそ》われる不安がある。そのため、道三に応援部隊の派遣を依頼した。道三は快《こころよ》く安藤守就《あんどうもりなり》の部隊を出してくれた。信長は安藤の部隊を那古野城の留守隊とし、自軍を率いて出陣する。信光も協力して、攻撃軍に加わった。

信長は、道三・信光という同盟者のおかげで、水野の危機を救うことができたのである。信長の外交力の賜物《たまもの》と言えるだろう。

兄弟争いの激化

信長の力量を周囲に知らしめた萱津の戦い、斎藤道三との同盟、信光との協力体制、これらによって、天文二十二（一五五三）年頃には、信長と信勝との弾正忠家の家督をめぐる争いは結着がついていると言ってよい。しかし、天文二十三年から同二十四年にかけて、信長は再び試練の場に立たされる。協力者を次々と失ってしまうのである。

天文二十三年十一月、那古野城内で城主の信光が家臣の手にかかって死んだ。謀略によって清須城を奪い取ってから、わずか半年後のことである。信長にとって大打撃と言える事件だが、『信長公記』首巻には、逆に「しかしながら、上総介殿《かずさのすけ》［信長］御果報《ごかほう》のゆえなり」と信長への祝意を表《ひょう》している。

信長と信光は、清須城奪取を共謀した時、尾張半国を二人で二郡ずつ分割するという約束があったという。その約束が信光の死によって反故《ほご》になったので、信長にとって「御果報」ということのようである。確かに、信光のような一族の実力者に、今以上の力を持たれては障害になりかねない。そうした意味では、タイミングよく死んでくれたと言えなくもない。

信長にとってあきらかに打撃だったのは、道三の死である。道三は天文二十四年に長男義龍に家督を譲ったと見られるが、隠居しながらも、なお実権を維持しようとして、義龍と対立したらしい。義龍は道三がかわいがっていた弟二人を殺し、父と対決する覚悟を決める。そして翌年の弘治二（一五五六）年四月、長良川《ながら》の戦いで父子は衝突、道三は敗死してしまう。

信長は道三救援のため清須を出陣したが、まにあわなかった。その後、義龍は反信長の姿勢を明確化したため、美濃は信長にとって敵国になってしまうのである。

信長の苦境に乗《じょう》じたのか、この前後から、信勝の巻き返しとも言うべき行動が見られる。信長への対抗心と考えられる現象を、まず名乗りの面から見てみよう。

信長がはじめて「上総介（上総守《かみ》）」を称するのは、管見《かんけん》の限り、天文二十三年十一月十六日である（『氷室光大夫家文書』）。それに対して、信勝は同年十二月に諱《いみな》を「信勝」から「達成《みちなり》」にあらためている（『加藤文書』）。翌年五月上旬に書かれた沢彦宗恩《たくげんそうおん》の法語によると、信勝は「織田霜台御史達成公《そうだいぎょし》」と呼ばれているから、官名も「霜台」＝「弾正忠」を称したのだろう。

つまり、信長の「上総介」に対抗して「弾正忠達成」と名乗ったものと思われる。「弾正忠」は言うまでもなく、彼ら兄弟の家督の名乗り、「達」は守護代家の通字《とおりじ》である。

その後の信勝の名乗りをたどると、弘治二年八月の稲生《いのう》の戦いで兄に敗れたあとは、「弾正忠達成」から「武蔵守信成《むさしのかみのぶなり》」と穏当《おんとう》な名乗りに戻っている。

さて、弘治元年六月末、信長・信勝の異母弟秀孝《ひでたか》が、信光に代わって守山城主になっていた叔父の織田信次の家臣に、誤って射殺されるという事件が起こった。信次は報復を恐れて出奔《しゅっぽん》してしまったが、信勝は軍勢を出して守山城を攻撃している。それに対して、信長は秀孝のほうにも落ち度《おど》ありと判断して、守山城攻撃を控えたという。

このあたりの信勝の動きを見ても、兄で家督の信長から半ば独立した勢力を維持しており、信長を無視した行動を取りがちだったことがうかがわれる。

城主不在となった守山城には、信長の判断により、異母兄の安房守秀俊が入れられた。『信長公記』首巻に「利口《りこう》なる人」と評されているほどだから、それなりの人物だったのだろう。しかし、翌年六月に秀俊は、家老の角田新五に殺される。角田がこの後、信勝に仕えていることから考えると、秀俊暗殺の黒幕《くろまく》は信勝であり、信長派の秀俊を除こうという謀略だった可能性がある。

信勝の謀略の手は、信長の近辺にも伸《の》ばされる。信長の筆頭家老の林秀貞と、その弟美作守《みまさかのかみ》が、以前から信長に不信感を持っているのを見、それに付け込んで林兄弟を味方にしようと画策した。

『信長公記』首巻によると、弘治二年のことと思われるが、信長は秀俊をともなって那古野城に林を訪ねた。那古野城は信光の横死後、林に預けていたのである。その時、美作守は好機と見て、兄に信長を討ちはたすことをすすめたが、秀貞は「三代にわたって恩を受けた主君を、ここでだまし討ちをするなど天道《てんどう》に背《そむ》く行為だ」と言って、思いとどまったという。

この頃には、信長と信勝の間は、修復しがたいほど険悪《けんあく》な関係になっていた。そして、信勝は信長の直轄領である篠木《しのき》三郷を横領するという思い上がった行動に出るのである。

兄弟争いの結末

信勝のあからさまな敵対行動を見て、信長は庄内川を渡った名塚《なづか》に砦を築き、佐久間大《だい》学《がく》（盛重《もりしげ》）を入れ置いた。

弘治二（一五五六）年八月二十三日、信勝のほうから名塚に向かって出陣した。ただし、信勝自身は末盛城を離れず、代理として柴田勝家に一〇〇〇の兵をつけて向かわせた。林美作守も七〇〇を率いて、加勢した。翌二十四日、信長も清須城を出陣した。率いる兵は七〇〇、敵軍の半分にも満たなかったという。そして、両軍は清須の東方約五キロメートルの稲生原《いのうはら》で衝突した。

この時の戦闘の様子を、『信長公記』首巻の記述によって簡単に記してみよう。

信勝軍は、柴田隊と林隊に分かれ、二方《ふたかた》から信長軍に向かった。信長はまず、柴田隊に向かって突進する。その威勢に押されて柴田隊の兵がひるみ、ちりぢりになって逃れた。間髪《かんはつ》を容《い》れず、信長は林隊に向かう。信長自身が槍を取って、林美作守に挑《いど》みかかる。主将が先に立っての奮戦を見て、味方は下人《げにん》までが槍を取り、一丸《いちがん》となって敵と切り結《むす》んだ。そして、敵の主将の一人美作守が信長に討ち取られたところで、戦いの帰趨《きすう》が決した。

この戦いの勝因はどこにあるのだろうか。ひとつ目は、主将自らが先頭に立って指揮を執《と》る、その気迫である。そのおかげで、敵勢はひるんで逃《に》げ腰《ごし》になった。居城に居座《いすわ》ったまま、代理に戦《いくさ》を任せる信勝とは、戦闘力において、はじめから比較にならないのである。

ふたつ目は、信長が一《いち》から育てた親衛隊《しんえいたい》の活躍ぶりである。大うつけとも見られる破天《はてん》荒《こう》さのなかで、信長は自分の納得いく合理的方法で親衛隊を育てていた。彼らがチームプレイに徹《てっ》して、敵に突進した成果であろう。この後も、彼ら親衛隊は、信長の軍の中核として重要な役割をはたしていく。

稲生の戦いで信勝軍を撃《う》ち破った信長は、さらに進んで末盛城を攻撃する選択もあった。しかし、信勝と末盛に同居している母の土田氏が、いち早く信勝の命《いのち》乞《ご》いをしてきた。土田氏は信長の母でもある。ほかならぬ実母の懸命の頼みである。信長は信勝を赦免《しゃめん》することになる。

信勝赦免にともない、敵対した柴田勝家や林秀貞に対しても、その罪を追及することがなかった。この稲生の敗戦によって、信勝の勢力はすでに瀕死《ひんし》状態になっており、これ以上弾正忠家の内紛を引きずるべきでない、という信長の判断の結果であろう。それにしても、たいへん寛大な戦後処理と言えよう。

これほど圧倒されながらも、信勝のほうは、まだ兄への反抗はあきらめてはいなかったようだ。弘治三年と思われるが、四月十九日付けで「高政《たかまさ》」という人物から織田武蔵守（信勝）にあてた書状がある。「その表相替《ひょうそう》わる子細《しさい》これなく候や」、つまり「お変わりありませんか」と、さりげなく音信を問うた手紙だが、この史料そのものに問題が含まれている（『徳川美術館所蔵文書』）。

なぜなら、差出人の「高政」とは、ほかならぬ斎藤義龍と同一人なのである。彼は前年に父道三を攻め殺したあと、父殺しの身を潔斎《けっさい》する意味なのか、一時的に「高政」の諱《いみな》を用いている。この書状中で「御意《ぎょい》承《うけたまわ》りたく候」「なお重《かさ》ねて申し入るべきの間、擱筆《かくひつ》「擱筆。筆を置くこと」に候」と述べていることは、信勝と義龍とが結び付いていることを示している。二人の結び付きということは、すなわち信長を共通の敵としているということだろう。

明けて永禄元（一五五八）年三月、信勝は、守山の北東、庄内川に接した龍泉寺《りゅうせんじ》に築城を開始した（『定光寺年代記』）。築城の目的はよくわからないが、守山城には、すでに織田信次が信長の命令によって城主に復帰しており、信長の勢力圏に入っていたことはまちがいない。もし信長に無許可での築城だとしたら、反抗的な行動であろう。

信長への反抗だったとしても、客観情勢として、信勝が弾正忠家のなかで多くの支持を受ける時ではなくなっていた。かつて信勝を軍事的に支えてきた柴田勝家さえ、信勝の態度に失望してそのもとを離れ、信長に心服《しんぷく》するようになっていた。つまり、兄弟の争いはすでに勝負はついているのである。

同年十一月二日、信長は信勝を清須城に招いて殺害し、ようやく兄弟の争いに最終的結着をつけた。

第五章

信長が受け継いだもの

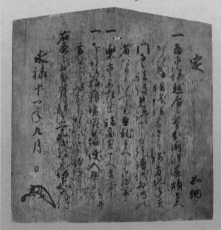

楽市《らくいち》・楽座《らくざ》の制札《せいさつ》。永禄11(1568)年9月、美濃《みの》加納《かのう》あて。年貢《ねんぐ》や諸役《しょやく》の免除等が箇条書《かじょうが》きされ、信長の花押もある(円徳寺《えんとくじ》所蔵)

第一節　その後の信長

尾張統一から上洛《じょうらく》まで

第四章では、信長が弟信勝との織田弾正忠家家督をめぐる長い争いに決着をつけたところまで叙述した。その後、信長が尾張を統一し、着々と全国統一の道を歩むことについては、周知の通りである。本書は信長の事績についての概説書ではないが、それをまったく無視してしまっては、本章の主題が進まない。最初に、かいつまんで信長の全国統一事業へ向けた動きを解説することにしよう。

信秀は隣国にまでその武威《ぶい》を示しただけでなく、禁裏《きんり》（皇居）修理のために膨大《ぼうだい》な献納《けんのう》を行ない、一時《いちじ》は京都にまでその名《な》を知られた存在だった。しかし、その後の織田氏は、今川氏に尾張国内を侵食されており、信長が継いだ頃には全国的には目立たない一《いち》大名にすぎなかった。

織田信長の名が京都に知られるようになったのは、永禄二（一五五九）年二月、信長が京都に行き、将軍足利義輝に拝謁《はいえつ》した時からだろう。

「織田上総介尾州《びしゅう》［尾張］より上洛云々《じょうらくうんぬん》。五百ばかり云々。異形者《いぎょうしゃ》多し云々」（『言継卿記』）。

京都の公家には「異形者」、つまり奇妙な者たちと思われるほどの田舎者だったのである。

しかし、その翌年五月、信長は尾張に侵入してきた今川軍を桶狭間《おけはざま》の戦いで撃破した。京都醍醐寺《だいごじ》の厳助大僧正《げんじょだいそうじょう》は、「駿河今川、尾州へ入国。織田弾正忠武略《ぶりゃく》を廻《めぐ》らせこれを討《う》ち取るの事《こと》これあり」と、その手記に記している（『厳助往年記』）。信長の名《な》も、京都の公家・高僧《こうそう》に知られつつあったわけである。

翌永禄四年に、信長に敵対していた斎藤義龍が死んだ。そこから、信長の美濃制圧戦が始まる。最初は西美濃方面からの攻撃だったが、永禄六年に本拠地を小牧山に移してからは、中美濃から攻め込む作戦に切り替えた。その過程で、尾張北端の犬山城も攻略し、尾張の平定は完了した。

美濃攻略には、意外と年月を要した。ただ最後は素早い作戦だった。永禄十年八月、斎藤氏の有力家臣である西美濃三人衆（稲葉良通《いなばよしみち》・安藤守就《あんどうもりなり》・氏家直元《うじいえなおもと》）が投降したと聞くや、一気に攻め込んで、たちまち稲葉山城を占領したのである。信長は居城を小牧山から稲葉山に移し、その名を岐阜《ぎふ》城とあらためた。

もう、京都は展望内である。この直後より、信長は発給文書に「天下布武《てんかふぶ》」の印章《いんしよう》を用いるようになる。この頃に彼が用いた「天下」は、京都とその近辺（畿内《きない》あたり）のごく限定された範囲を意味するという説が近年、有力である。これに従えば、京都とその周辺の秩序を武力によって回復することを指す。

この時期の信長には、自分がその「天下」の頂点に立とうという意識まではなかったようである。あくまでも将軍を立てて「天下」の政務を任せ、自分はその陰《かげ》にありながら、武力によって補佐していこうと考えていた。

永禄八年五月に将軍義輝が三好《みよし》三人衆（三好長逸《ながやす》・石成友通《いわなりともみち》・三好政康《まさやす》）らに殺され、それ以後、将軍位《い》は空位になっていた。三人衆は同十一年二月に義輝の従兄弟《いとこ》の義栄《よしひで》を立てて将軍にしたが、将軍とは名ばかりで、度重《たびかさ》なる紛争のため京都にも入れなかった。

三好三人衆が立てた義栄より、適任と目《もく》される将軍候補が存在した。前将軍義輝の弟で、越前に亡命していた足利義昭である。信長は使者を遣《つか》わして、義昭を岐阜に迎え入れた。そして、いよいよ上洛の支度《したく》が整えられた。

永禄十一年九月、信長は岐阜城を出陣した。三好三人衆に通じた近江の六角氏をたちまちに撃《う》ち破り、義昭を奉《ほう》じて上洛をはたす。三人衆の一派は立ち向かったものの、信長の大軍の前にはひとたまりもなく、たちまち信長は畿内を平定してしまった。こうして、義昭は念願の将軍位に就《つ》くことができた。

信長は、将軍義昭から副将軍ないし管領《かんれい》の職に就くことをすすめられたが固辞し、畿内の静謐《せいひつ》を見届けて、岐阜に馬を納《おさ》めた。この時期の信長が目標とした「天下布武」は、ここでいちおう成《な》し遂《と》げられたと言えるだろう。

信長包囲網と将軍追放

将軍足利義昭と武力を背景にそれを補佐する信長による政治の時代が、この後五年間ほど続く。この時の政体を「二重政権」、あるいは「連合政権」と呼んでいる。

将軍義昭は、従来よく言われていた「傀儡《かいらい》」などではない。京都・畿内あたりで幕府の伝統的な力を維持していた。もちろん、信長の軍事力に支えられての政治力ではあったが。いっぽうの信長も、幕府の伝統的権威に負《お》うところが大きかった。最初の約一年間は、両者の補完《ほかん》関係がうまくなされていたのである。

しかしその後、二人の間にすきま風が吹き始める。元亀《げんき》年間（一五七〇～一五七三年）は、朝倉氏・浅井《あざい》氏、それに本願寺との戦いが続く。信長の苦闘の時期だが、その苦闘のなかで、将軍義昭が実権を拡大しようと画策するのである。

元亀三（一五七二）年九月、信長は義昭に対して、十七カ条の異見書《いけんしょ》を突き付ける。義昭という人物を徹底的に批判した書状である。しかも、この異見書は、丁寧にも周囲に流《る》布《ふ》させて、世間にアピールしている。

このような中央の対立のなか、東方の武田信玄《たけだしんげん》が反信長の旗を掲げて西上してくる。本願寺を中心に、畿内では三好義継《よしつぐ》・松永久秀《まつながひさひで》、近国《きんごく》の朝倉・浅井、そして武田。強力な信長包囲網が形成された。その動きに喚起《かんき》され、将軍義昭も信玄と結び付き、元亀四年二月、いよいよ反信長方《がた》の中核として立ち上がった。

事《こと》ここに至っても、信長は義昭との直接衝突を回避しようとした。義昭とは「君臣《くんしん》の間」とこだわっており、できれば将軍側近のせいにして収めようというそぶりさえ見せている。軍勢を率いて入京しても、放火によって脅《おど》すばかりで将軍御所《ごしょ》を直接攻撃することはしない。最後は勅命《ちよくめい》によって講和するまで、信長は説得を続けるのである。

信長に脅威を与えた武田信玄は病死したが、義昭は再び諸大名に信長打倒を呼びかけて立ち上がる。同年七月、信長は大軍をもって、義昭の籠《こ》もった山城《やましろ》の槇島《まきしま》城を攻め、一気にこれを落として、義昭を捕虜にした。

信長は義昭を殺さず、追放にとどめた。「主殺《しゆごろ》し」の末路《まつろ》が悲惨に終わった前例を、彼は数々《かずかず》見ている。自分こそ「天道《てんどう》」にかなった為政者《いせいしや》であることを、世間に広く訴えたかったのである。義昭は、義弟三好義継の居城若江《わかえ》城へと落ちていった。

その後、信長は朝廷に奏請《そうせい》して、元亀の年号を天正にあらためさせた。信長の苦闘の代名詞となった元亀年間は、ここに終わることになる。天正になるや、信長は四年来の敵、越前朝倉氏を攻めた。続いて北近江の浅井氏。これらを滅亡させ、さらに畿内の将軍方《がた》だった者たちを平定する。信長包囲網は完全に消滅した。

画期《かっき》となった天正《てんしょう》三年

将軍の追放後、信長は足利氏に代わって幕府を開いたわけではない。また、開くつもりもなかったようである。しかし、若江から堺《さかい》、そして紀伊由良《きいゆら》へと流れていく義昭を、今さら「天下」の主《あるじ》と見る者はいなかった。京都・畿内の支配者、すなわち「天下」を統《す》べる者が信長であることは、衆目《しゅうもく》の一致するところであった。

天正二（一五七四）～三年には、一向一揆、武田氏との戦いが行なわれた。武田氏は、信玄の死後も、跡を継いだ勝頼《かつより》がさかんに東方をうかがっており、依然として油断ならない強敵であった。しかし、天正三年五月、この強敵と三河長篠《ながしの》において決戦の機会を持ち、鉄砲戦術が功《こう》を奏《そう》して大勝利を収めた。続いて八月、一揆持ちの国と化《か》した越前に大軍で攻め入り、徹底的な殲滅《せんめつ》戦をやってのけた。

この天正三年という年は、信長にとって大きな画期となった年である。そのきっかけは、やはり五月の長篠の戦いであろう。この勝利から一カ月半後、禁裏における皇太子誠《さね》仁《ひと》親王主催の鞠会《まりえ》の場で、信長は官位昇進の勅諚《ちょくじょう》をいただいた。

この時は自分が官位を受けることは固辞し、代わりに老臣たちに官《かん》を受けさせることにとどめたが、朝廷に自分を認めさせたという大きな自信となったであろう。その自信とは、全国に覇《は》を唱える人物としての自信である。家臣が信長を呼ぶ敬称も、同年八月六日付けの文書を初見として「上様《うえさま》」が用いられるようになった（『立石区有文書《たていしくゆう》』）。

十一月、信長は従三位《じゅさんみ》権大納言《ごんのだいなごん》兼右近衛大将《うこんえのだいしょう》に任じられる。亡命中の足利義昭は従三位権大納言兼征夷大将軍《せいいたいしょうぐん》だから、官位の上で並んだわけである。

同月二十八日、信長は嫡男信忠《のぶただ》に織田家督と岐阜城、それに尾張・美濃両国の支配権を譲った。「天下」の政務を司《つかさど》る「天下人《てんかびと》」と「織田家督」とを、父子で分担したということである。岐阜城を嫡男に譲り渡した信長は、とりあえず佐久間信盛の屋敷に居候《いそうろう》して、「天下人」の城安土《あづち》城の建設に乗り出すことになる。

本項冒頭より、引き続き「天下」の語を用いたけれど、同年後半より、信長が発給文書で使用する「天下」の語の意味は、それまでと違ってくる。前述した通り、それまでの「天下」は京都と畿内あたりの範囲を指すにとどまっていたが、この頃からは、もっと広く全国を指すような意味合いになるのである。

さまざまな事例から推測して、この天正三年後半あたりより、信長は全国の統一を意識したものと思われる。そして、周囲の敵に向かって、同時多発的に統一戦争を繰り広げることになる。

「天下」統一事業

天正三（一五七五）年末の時点で、信長の全国統一に立ちふさがる強敵と言えば、まず武田氏である。長篠の戦いで著《いちじる》しく勢力を落としたとはいえ、東国の大《だい》大名であることに変わりない。次に、大坂の本願寺。一向一揆に指令を出すだけでなく、畿内・近国の大名たちと結んで反信長勢力を結集させる力がある。これまでも、信長と和戦《わせん》（和睦と戦争）を繰り返してきた。

天正四年四月、本願寺との和睦が破れ、織田軍が大坂を攻囲する。しかし、本願寺の反撃を受けて、手痛《ていた》い敗戦となった。この戦いを契機に、信長の統一戦は停滞状態となってしまう。

上杉《うえすぎ》氏・毛利《もうり》氏がほぼ同時に、信長に対抗する姿勢を明確にした。毛利氏は大坂へ兵糧《ひょう ろう》船《せん》を送り、それを阻止しようとする織田水軍《すいぐん》を撃《う》ち破った。上杉氏は西方へと軍を進め、越中・能登《のと》を従えようとした。

彼らの反抗の陰《かげ》には、備後鞆《とも》へと流れた足利義昭の扇動《せんどう》があったことはまちがいないが、毛利氏も上杉氏も、信長の統一戦争の過程で、いずれは衝突をまぬがれなかったであろう。彼ら敵対勢力の中核となったのは、亡命将軍義昭とするよりも、本願寺と見なしたほうが適切ではなかろうか。加賀《かが》一向一揆など、その影響下にあった勢力は、まだ多くある。

こうした情勢に対抗して、信長は各方面に万単位の兵を擁《よう》する大部隊を配置することによって、乗り切ろうとした。いわゆる「方面軍」である。

北陸方面には柴田勝家を大将とする大軍、大坂方面には佐久間信盛を大将として七カ国にわたる大軍、やや遅れて、中国方面には羽柴秀吉率いる軍、畿内から山陰にかけての明《あけ》智《ち》光秀の軍が置かれている。これらの軍勢は、各方面で同時多発的に起こる戦闘に対して、それぞれ対応していくことになる。

天正五年九月、上杉軍が能登七尾《ななお》城を囲む。柴田を大将とする織田軍が救援に向かうが、上杉氏と連携した加賀一向一揆を持て余して進撃できず、結局、上杉軍の追撃戦に会い、敗れてしまった。

西方ではもっと大きな試練が待ち構《かま》えていた。天正六年二月に播磨《はりま》の別所長治《べっしょながはる》、同年十月に摂津《せっつ》の荒木村重《あらきむらしげ》が相次《あいつ》いで信長に背《そむ》いたのである。毛利氏に通じての謀反《むほん》だったが、こちらでも本願寺が大きな役割をはたしていた。

加賀における一向一揆との戦い、本願寺攻囲戦《こういせん》、摂津有岡《ありおか》城攻め、播磨三木《みき》城攻め、北国と畿内および西方での戦いは、翌々年秋まで続く。

織田軍総力を挙げた攻城戦《こうじょうせん》の結果、天正七年十一月に有岡城が開城、翌年正月には三木城も陥落した。朝廷が仲介に入り、同時進行で本願寺との講和調停も進んでいたが、同年閏《うるう》三月に和睦が成立、顕如《けんにょ》は大坂の地を去った。加賀の一向一揆が根絶《ねだ》やしにされたのは、十一月になってからである。これらの戦いすべてに影響を与えていた本願寺が降《くだ》ったこともまた、信長の統一事業のなかの大きな画期であった。

この天正八年までには、関東・奥羽《おうう》においても、大きな進展があった。以前より北関東の大名、奥羽の伊達《だて》氏・安藤《あんどう》氏など、信長に誼《よしみ》を通じてくる者たちが大勢いたが、新たに関東の北条《ほうじょう》氏が同盟を求めてきたのである。北関東・奥羽の大名たちはもちろん、関東に覇を唱えた北条氏でさえ、信長の前には従属的同盟に甘んじる覚悟の申し出であった。

再び西方に目を転じると、天正八年以後も、中国・四国および九州で変動があった。まず中国では、羽柴秀吉の攻勢がいよいよ進み、山陰方面では鳥取《とっとり》城が落とされて、信長の勢力は伯耆《ほうき》まで進出した。山陽方面でも、織田方《がた》に転じた宇喜多《うきた》氏の善戦により、毛利氏を美作《みまさか》――備前《びぜん》の線まで圧迫した。

四国では、長宗我部《ちょうそかべ》氏の勢力がずば抜けた存在になっていたが、中央での信長の威勢を知り、明智光秀を介《かい》して誼を通じてきた。そして、遅くとも天正六年までには、信長と従属的同盟を結んでいる。しかし、同九年になって、信長が長宗我部氏が占領済みの阿波《あわ》の領地化を認めないという方針を打ち出すことによって、両者の間は険悪になった。

九州では、大友氏《おおとも》が他の大名たちを圧倒していたが、南方の島津氏《しまづ》が次第に力を伸ばし、天正六年に耳川《みみかわ》の戦いで大友氏を破ることによって、情勢が変わった。大友氏は形勢不利と見て、信長に同盟を求めた。

天正八年、信長は大友氏と島津氏との和睦仲介に乗り出し、双方に書状を与えている。その文面を見ると、大友にあてた書に「私《わたくし》の遺恨《いこん》をもって異儀《いぎ》におよぶ国の儀は御敵《おんてき》たるの間《あいだ》」、島津氏にあてた書に「[毛利氏討伐に参加すれば]天下に対して大忠《だいちゅう》たるべく候」とのフレーズが見られる。

前者からは、のちに秀吉が宣言した私的な戦闘を禁止した命令、すなわち「惣無事《そうぶじ》」の論理、後者からは中央政権への臣従《しんじゅう》要求の意図が読み取れると思う。

本能寺《ほんのうじ》の変

天正十（一五八二）年二月、信長はいよいよ、宿敵武田氏討伐の軍を派遣する。大将は嫡男信忠である。信忠には、六年あまり前に織田家の家督を譲渡しており、その後、大坂・摂津・播磨へ派遣した軍勢の総指揮官を任せてきた。誰もが認める、信長の後継者であった。

信忠軍は無人の野《の》を行くように信濃を進軍、途中、抵抗らしい抵抗を受けたのは高遠城《たかとお》だけで甲斐に攻め込んだ。そして、三月十一日、武田勝頼を自決に追い込んだ。信長自身が信濃に足を踏み入れる前に、武田氏を滅《ほろ》ぼしてしまったのである。

武田氏の滅びた跡に臨《のぞ》んだ信長は、そこで武田氏旧領を配分した。大部分は信忠軍団の部将たちに分配されたが、上野《こうずけ》と信濃二郡には滝川一益《たきがわかずます》が封じられ、関東および奥羽の取次役《とりつぎやく》とされた。北条氏をはじめとする関東・奥羽の諸大名の上に立つ、織田政権の代官として位置づけることができる。

四国に対しては、反抗の姿勢を露《あら》わにしてきた長宗我部氏を討つために、四国討伐軍を編成する。大将は、信長の三男神戸信孝《かんべのぶたか》である。四国討伐軍は五月末に住吉《すみよし》・堺あたりに集結した。長宗我部氏の動員能力をはるかに上回る一万数千の大軍であった。ところが、この軍勢は、渡海《とかい》の機を待っているうちに本能寺の変が起こり、結局、四国には渡れずして終わってしまう。

北陸・中国でも、天正十年五月の段階では、着々と統一事業は進んでいる。北陸では、柴田勝家率いる北陸方面軍が、加賀を制圧した勢いで能登・越中へと進み、上杉氏を圧迫していった。越中東部の魚津《うおづ》城を囲んで落城寸前にまで追い詰めており、ここを落とせば、上杉氏の本拠越後春日山《かすがやま》まで、まさに一跨《ひとまた》ぎという段階であった。

中国では、羽柴秀吉を大将とする中国方面軍がついに備中に足を踏み入れた。境目《さかいめ》の城々を落とし、主城の高松《たかまつ》城を水攻めにしたところで、毛利氏の軍勢が後巻《うしろま》きにやってきた。高松城を挟《はさ》んで両軍が対峙《たいじ》するという状態だが、秀吉の要請により織田の援軍が派遣されてくる予定だった。

このように見てくると、北陸も中国も、そして四国も、信長が武力統一する日は近かったと思われる。上杉氏の運命はまさに風前《ふうぜん》の灯火《ともしび》だったし、長宗我部氏も毛利氏も圧倒的な軍事力を誇る織田軍の攻撃を長い間防ぎ切れたとは思われない。遅くとも、翌年には結着がついていたのではなかろうか。

そうなると、残る未征服の地は九州だけである。その九州とて、大友氏・島津氏ともに信長の威勢に服しつつある。関東・奥羽の支配については、まだまだ不十分である。完全に服属させるためには、二、三年の歳月を要したかもしれない。しかし、少なくとも軍事的に信長に逆らいうる者が出ることは考えられない。

あえて、もしも……と言わせてもらうなら、もし信長が生きていたならば、二、三年後には信長による全国統一事業が完成したに違いない。しかし、周知の通り、天正十年六月二日、信長は本能寺で最期を遂《と》げるのである。

第二節　信秀と信長の比較　戦略・戦術

居城の移転

第三章第一節で述べた通り、信長は、信秀の生前に那古野城を譲られた。その時期ははっきりしないが、天文十三（一五四四）年から同十五年の間であることは確実である。

同二十三年四月、信長は叔父信光と策謀をめぐらせて清須城を乗っ取り、そこに居《きょ》を移した。清須は尾張の守護所であり、政治・経済の中心である。鎌倉街道・伊勢街道の合流点であり、また庄内川に接した水陸両面における交通の要衝でもあった。

ただ、清須城の欠点と言えば、平城《ひらじろ》だけに比較的守備力が脆弱《ぜいじやく》ということである。そのため、信長は清須城に移ってからもしばらくの間、那古野城もなお軍事的拠点として利用していたのではないか、と言われている（松田《まつだ》訓《さとし》氏二〇〇六年論文）。

信長は清須城に本拠を置きながら、尾張の統一に努めてきた。さらに犬山方面から中美濃方面へ攻撃の目標を進めた時、居城を清須より北へ移す必要性を感じた。その結果、選ばれた地が小牧だったのである。

小牧は清須に比べると、交通の点ではるかに不便である。しかし、なんと言っても、これから進出しようとしている中美濃に近い。さらに、信長をして満足させるものがあった。それは、この地に小高《だか》く盛り上がった山があることである。その山の頂上に城を築けば、麓《ふもと》の平地を一望のもとに見下《みお》ろすことができ、逆に麓から常に城郭を見上げることになる。けっして軍事要塞《ようさい》として優れているわけではないが、シンボル城郭としては最適である。これこそ、信長が理想とした平山城《ひらやまじろ》だったのである。

永禄六（一五六三）年、信長は小牧山に移り、山頂部分に城郭を築くと同時に、麓に城下町を建設させた。

中美濃からの美濃攻略戦は、永禄十年の稲葉山城陥落によって終了する。名《な》を岐阜城とあらためた信長は、じきに小牧山から岐阜に居城を移す。前年より、信長の頭には、上洛の計画が組み込まれており、すこしでも京都に近いところに居城を構《かま》える有利さを考えたのである。交通の要衝であり、それでいてそれほど険《けわ》しくない山頂に城郭を構えた平山城であった。信長はずっと以前より、この地を手に入れることが望みだったのだろう。小牧の城下町はまだ建設中だったが、そのままの状態で放置された。

信長の岐阜在城は、その後八年を数える。その間、上洛を遂《と》げ、将軍を追放するが、引き続き岐阜城にとどまっている。

天正三(一五七五)年、長篠の戦いに勝ったことを契機として、信長に全国制覇の意識が深まり、いよいよ「天下人」の城安土城の建設に乗り出すことになる。安土の地は、岐阜より京都に近いという利便、水陸交通の要衝、しかもほどほどの高さの山を利用できる。まさに、信長が理想としていた場所だったのである。

さらに信長が生きていたなら居城の移転はあったか、という問いはしばしばなされる。もし生きていても安土にとどまっただろうという説、生きていたなら大坂に移ったのではないかという説の両方があり、その問いに対しては、答えが分かれるところである。

そうした想像はともかく、信長の居城移転という戦略が父信秀の影響を受けたものであることについて、話すことにしよう。

信秀が父信貞から家督を継いだ時、居城は海東郡にある勝幡城であった。これは信貞が永正年間（一五〇四～一五二一年）後期に入城し、信秀に譲られた城だから、信秀の意思に関係はないが、商業都市津島を押さえるには最適な位置にあった。

しかし、勝幡城は尾張国中に勢力を伸ばすには西寄りすぎる。そして、一向一揆の勢力の強い西方へは進出しづらい。東方へ向けた信秀の目に入ったのは、今川氏豊の居城、那古野城である。

天文七年頃、信秀は謀略によって那古野城を奪い取り、すぐにその南方にある大きな商業都市熱田の掌握に努めた。さらに那古野城を足がかりにして、強敵の存在しない東尾張から西三河へ進出、天文九年の戦いに勝ったあと、安城城を手に入れて、矢作川以西に支配権を植え付けていった。

信秀が那古野城を嫡男信長に譲ったのは前述の通り、天文十三～十五年である。次の居城は古渡城である。古渡城は那古野城のやや南の位置、熱田に至る途中にある。

この時の移城は、信秀の目的に沿ったものではなかろう。那古野城を信長に譲るにあたって、近くに新しい自分の城を築く必要があった、ということだったと思われる。ただ南方に向けて移動したのは、熱田の近くに行って町の掌握に努める、という発想だろう。

信秀の最後の居城は末盛城である。横山住雄氏の推測によると、移城は天文十八年ということだから、古渡城には三～五年しか住まなかったことになる。この時の移城の目的は、当時一族と鬩《せめ》ぎ合っていた清須から距離を置くこと、および守勢に回りつつある今川氏に備えて、三河への距離を縮《ちぢ》めることである。もうひとつ、古渡城がまったくの平地にあるため、防御機能が劣っていたことも挙げられるかもしれない。

以上述べた通り、信秀はその生涯で勝幡城―那古野城―古渡城―末盛城と四城を渡り歩きながら、尾張西部から東へと移る。信長は那古野城から清須城―小牧山城―岐阜城―安土城と五城に住み、次第に京都に近づいていく。

彼ら父子のように、生涯に何度も居城を移した戦国大名は、ほかには見あたらない。武田信玄はずっと甲斐躑躅《つつじ》ヶ崎館《さきやかた》を動かなかったし、上杉謙信も越後春日山城のままだった。毛利氏の戦国時代の居城は安芸郡山城《あきこおりやま》、北条氏は五代通じて相模小田原城《さがみおだわら》にいた。その時その時の目標と事情に応じて居城を移すというスタイルは、信長が父信秀から学んだことと言えるであろう。

戦闘方法

信長の戦いは当然ながら、その領域が広がるにつれて変化していく。ここでは彼の初期、家督相続後から尾張統一前後までの戦いぶりを見て、信秀の行なった戦いと比較してみよう。

①天文二十一（一五五二）年四月十七日、赤塚で山口九郎二郎と戦う。
②同年八月十六日、萱津で清須軍と戦う。
③天文二十二年七月十八日、成願寺で清須軍と戦う。
④天文二十三年一月二十四日、今川方《がた》の村木砦を攻撃する。
⑤弘治二（一五五六）年八月二十四日、稲生で信勝方《がた》の軍と戦う。
⑥永禄元（一五五八）年七月十二日、浮野《うきの》で岩倉軍と戦う。

⑦永禄二年春ヵ、岩倉城を攻撃する。
⑧永禄三年五月十九日、桶狭間で今川軍と戦う。
⑨永禄四年五月十四日、美濃森部で斎藤軍と戦う。
⑩同年同月二十三日、美濃十四条《じゅうしじょう》・軽海《かるみ》で斎藤軍と戦う。

②③は清須勢力との戦い、⑤は身内との戦い、⑥⑦は岩倉の織田伊勢守との戦い、①④⑧は今川方《がた》との戦い、⑨⑩は斎藤氏との戦いである。

『信長公記』首巻に、この頃の信長の状態について、「か様《よう》に攻一仁《せめいちにん》に御《お》なり候えども」と書かれている。つまり、周囲が皆《みな》敵になって集中攻撃を受ける立場であっても、という意味である。確かに、さまざまな敵に囲まれていたことがわかる。

遡《さかのぼ》って、信秀の戦いのほうも見てみよう。

知られる限りでは、天文元年に守護代織田達勝および小田井城主織田藤左衛門尉を敵として戦ったのが、信秀の最初の戦いである。この戦いについては、『言継卿記』に「去年取合《とりあい》」「去年和談《わだん》」とあることで知られるだけで、戦いの様子などについてはまったくわからない。

その後の信秀の行なった合戦を抜き出してみると、次の通りである。

①天文七年頃、今川氏豊から那古野城を乗っ取る。
②天文九年六月六日ヵ、三河安城城をめぐって戦う。その後、同城を攻略する。
③天文十一年八月十日、三河小豆坂で今川軍と戦う？
④天文十二年頃、美濃大垣城を攻略する。
⑤天文十三年六月、美濃大垣方面に兵を出す。
⑥同年九月二十二日、朝倉軍とともに、美濃稲葉山城を攻撃する。
⑦天文十七年三月十九日、三河小豆坂で今川軍と戦う。
⑧同年十一月、美濃大垣城後巻きのため出陣する。
⑨同年同月、美濃の陣から引き返し、古渡城を攻撃している清須軍と戦う。
⑩天文十八年、信秀の兵、三河各地で今川軍と戦う。
⑪同年十一月、信広に守備をさせた安城城が今川軍に落とされる。

①は謀略によるものと伝わっており、戦いらしいことがあったかどうか不明である。②はもっとあとの出来事だった可能性があるが、実際にあったことはまちがいない。③は実

際にあった戦いかどうか確かめられない。

その他の戦いについては、年月日が不確かなものが多いが、実際にあったことは確かである。史料上しっかりと裏づけられないものも多いが、『信長公記』首巻にあるように「[信秀は]一カ月は美濃国へ御働《おはたら》き、また翌月は三河の国へ御出勢《ごしゅつぜい》」と、北方あるいは東方へ忙しく出陣していたことはあきらかであろう。

さて、父子二人の戦いぶりの共通点はどのような点であろうか。

それは一目瞭然《いちもくりょうぜん》、父子ともに一度として籠城《ろうじょう》の経験がないことである。知られている一〇度あるいはそれ以上の戦いは、すべて居城を出て戦っている。この合戦スタイルこそ、信長が父信秀から学んだ戦いの方法と言えるだろう。

この籠城を考えない作戦は、信秀も信長も居城というものを、軍事要塞よりも経済の拠点として考えたことによるのであろう。いや、それ以前に、二人が山地がなく流通経済が発達した濃尾《のうび》平野という地に育ったことの、当然の帰結と言えるのかもしれない。

家臣の城下集住

再三の引用になるが、『信長公記』首巻にあるフレーズを掲げる。

「か様《よう》に攻一仁《せめいちにん》に御《お》なり候えども、究竟《くっきょう》〔屈強〕の度々《たびたび》の覚《おぼえ》の侍衆《さむらいしゅう》七、八百甍《いらか》〔屋根〕を並べ御座《ござ》候《そうろう》の間、御合戦におよび一度も不覚《ふかく》これなし」

「攻一仁」とは前述の通り、周囲が全部敵となって集中攻撃を受ける立場のことだが、今度は、「究竟の度々の」以下のくだりに注目してほしい。

周囲敵ばかりのなかで、信長は子飼《こが》いの兵からなる軍隊を作り上げていった。そして、彼らを当時の居城清須城の惣構《そうがまえ》のなかに住まわせ、常時戦いに備えるようにさせた。それが「究竟の度々の覚の侍衆七、八百甍を並べ御座候」と書かれている者たちである。

彼らはふだんから戦いの訓練に励《はげ》んでおり、戦場では馬廻《うままわり》として、信長本陣を固める。村木砦攻め、稲生の戦い等信長の初期の戦いで、彼らは目覚《めざ》ましい活躍を見せた。桶狭間の戦いにしても、信長の果敢《かかん》な作戦、天候上の幸運など勝因はさまざまあるが、彼ら馬廻の働きも無視できない。

彼らは、信長が小牧山さらに岐阜へと居城を移すと、それに従って城下に移り住んだ。

安土でも、山下町《さんげ》が彼ら馬廻の集住地だった。

信秀が長い間、居城にしていた勝幡城の構造については、江戸時代に書かれた史料があるのみで、正確なところは不明である。しかし、二重に堀がめぐらされた、惣構のある城館だったと考えられる。

そして、『言継卿記』の記事から推測して、惣構のなかには老臣の平手政秀の屋敷や寺院も建てられていた様子である。老臣の屋敷や寺院があるならば、当然、近臣の住まいも存在したであろう。信長が自分の居城に親衛隊を集住させていた原型を、信秀の居城に求めるのは無理な想像ではあるまい。

縁組《えんぐみ》政策

戦国大名同士の結婚は、ほとんどが政略結婚であった。信長と濃姫の婚姻も、信秀と斎藤道三との和睦のしるしとしてなされたものである。それを承知しているから、信長は思う存分、縁組による外交を駆使《くし》した。

信秀も信長も、大勢の息子・娘がいた。ということは、信長から見ると、弟・妹も、息子・娘もたくさんいたということである。それら大勢の肉親を、信長は他家へ養子に出したり、嫁に行かせたりして利用した。その例を、次に抜き出してみよう。

①永禄六（一五六三）年、娘（二女ヵ）五徳《ごとく》を松平元康《もとやす》（のちの徳川家康）の長男信康《のぶやす》と婚約、同十年結婚させる。

②永禄八年頃、養女（姪《めい》）を武田信玄の四男勝頼と結婚させる。

③永禄十年頃（同六年以前ともいう）、妹市《いち》を浅井長政《ながまさ》と結婚させる。

④永禄十一年二月頃、三男信孝を伊勢神戸《かんべ》具盛《とももり》の養子とする。

⑤同年同月頃、弟信包に伊勢長野《ながの》氏を継がせる。

⑥永禄十二年十月、二男信雄を伊勢北畠《きたばたけ》具房《ともふさ》の養子とする。

⑦元亀年間（一五七〇～一五七三年）頃、四男信房《のぶふさ》（一般には勝長《かつなが》とされる）を美濃遠山《とおやま》景任《かげとう》の養子とする。

⑧天正四（一五七六）年、妹犬《いぬ》を細川昭元《ほそかわあきもと》（信良《のぶよし》）と結婚させる。

このほか、神保氏張《じんぼううじはる》室となった妹、蒲生氏郷《がもううじさと》室の娘、筒井定次《つついさだつぐ》室の娘などがいるが、必ずしも政略結婚とは言えないので、ここには挙げない。実現しなかったが、嫡男信忠と武田信玄の娘との縁談、上杉謙信との養子縁組、毛利氏との縁談もあった。

これに対して、父の信秀は、斎藤道三の娘と嫡男との政略結婚以外に、どのような縁組政策を実行しているのだろうか。信秀にも弟・妹、息子・娘が大勢いたが、女性の嫁《とつ》ぎ先は織田一族が多く、政略による婚姻とは考えられない。それらのなかで、政略結婚であり、また、信秀の代《だい》に嫁いだと思われる者を抽出すると、次の二人のみである。
①妹の一人を美濃遠山景任と結婚させる。
②娘の一人を美濃遠山直廉《なおかど》と結婚させる。
遠山景任と同直廉は兄弟、兄景任は岩村《いわむら》城主、弟直廉は苗木《なえぎ》城主である。美濃恵那《えな》郡に古くから根を張っている遠山氏と友好関係を築こうとしたのだろう。
①の妹は、夫景任の死後、武田軍に岩村城を開城したばかりでなく、敵将秋山虎繁《あきやまとらしげ》と再婚したため、最後は甥《おい》信長の手で斬り殺されたと伝わる。また、②の娘の娘、つまり信長の姪にあたる女性は、信長の縁組例②の武田勝頼室のことである。彼女は、勝頼の男子を産んでまもなく亡くなるが、その男子は、父とともに最期を迎えることになる。
このように、父子の縁組政策を比べると、信長は必ずしも父に倣《なら》ってその政策を駆使し

たとは言い切れないことがわかる。信秀の代にはまだ尾張一国を出ない存在だったから、国外まで関係を結ぶことは難しかったであろう。

ただ信長は、自分と濃姫の結婚が、自分と道三の同盟にまで発展したことを顧《かえり》みて、縁組政策の効果を知ったのではなかろうか。

第三節　信秀と信長の比較　対権威・権力

上位権力者への姿勢

信長は将軍足利義昭を単なる傀儡《かいらい》として扱い、ほしいままに政治を行なおうとした、と長年《ながねん》信じられてきた。しかし近年、義昭も京都・畿内において将軍としての権限を保っており、二人はたがいに補完関係にあったと考えられている。信長は将軍義昭をそれなりに立てて、政治を行なおうとしていたのである。

信長は、もともと上位権力者を否定する考えを持った人物ではない。遡《さかのぼ》って、尾張一国時代の信長の行動から見ていこう。

弾正忠家の家督を継いだ時、信長は大勢の反対勢力に囲まれていた。弟信勝とそれを立てようとする一派、そして清須守護代と又代《まただい》たち。尾張のなかですら、大勢の敵を抱えていたのである。彼らに対抗するため、信長は味方を設定した。身内のなかでは叔父の信光、清須勢力のなかでは守護の斯波義統である。

その義統が、守護代たちに殺された。すると嫡男の岩龍丸（のちの義銀）が信長に保護を求めてきた。守護の正統な後継者を手元に置くことによって、守護代・又代の行動を謀《む》反《ほん》として扱い、自分のほうに大義名分があることを世間に訴えたのである。

清須城を乗っ取り、そこに居を移した信長は、義銀を同居させた。同居どころか、『信長公記』首巻には、次のように書かれている。

「武衛《ぶえい》様［義銀］国主《こくしゅ》と崇《あが》め申され、清洲の城渡《わた》し進《まいら》せられ、信長は北屋蔵へ御隠居《ごいんきょ》候なり」

もちろん、清須城を義銀に譲るはずはないし、信長が隠居したわけではない。しかし、信長は形ばかりは義銀を主家として担《かつ》ぐポーズを取ったわけである。信長の真意を分析すると、守護を敬《うやま》おうという気持ちが皆無だったとは言い切れないが、やはり利用しようとする側面のほうが強かっただろう。

弘治三（一五五七）年のことと思われるが、信長は今川氏の攻勢に押され気味になった時、義銀を利用して、一時的に講和を結ぶことを考えた。三河東条城《とうじょう》に、家柄的には今川氏に勝る吉良義昭《きらよしあき》がいる。当時、彼は今川義元と仲が悪かった。高い家柄同士の斯波氏と吉良氏を対面させて、表面だけにせよ、尾張と三河の和睦を繕《つくろ》おうとしたのである。

『信長公記』首巻には四月上旬とあるが、三河碧海《あおみ》郡上野原《うえのはら》で斯波義銀と吉良義昭が会見、形ばかりの講和締結式が行なわれた。一時的休戦状態のなか、信長は義銀を警護しながら、三河まで出かけている。

しかし、この策謀がかえって、今川義元の利用するところとなったのか、義銀は信長を離れて吉良氏と結び付き、今川氏に接近するようになった。そして、以前より今川方《がた》だった西尾張の旧族石橋《いしばし》氏とも合議《ごうぎ》し、三者共謀して信長に背《そむ》くことになる。そうなると、信長はもう彼を担ぐつもりはない。石橋氏ともども義銀を尾張から追い出してしまうのである。

利用という意識が強かったにせよ、守護にさえこれだけ気を遣《つか》ったのだから、尾張一国時代の信長にとって、将軍の権威はたいへんなものだったろう。

永禄二（一五五九）年二月、信長は上洛して将軍義輝に謁見《えつけん》した。

「尾州［尾張］より織田上総介上洛云々《うんぬん》、五百ばかり云々、異形者多し云々」（『言継卿記』）

山科言継の記録には、これ以上のことは語られていないが、『信長公記』首巻には次のように書かれている。

「城都《じようと》［京都］・奈良・堺御見物《ごけんぶつ》候いて、公方《くぼう》［将軍］光源院《こうげんいん》義照［輝］へ御礼仰《おお》せられ、御在京《ございきよう》候いき。ここを晴《は》れなりと拵《こしら》え、大のし付《つ》きに車を懸《か》けて、御伴衆《おともしゆう》皆のし付きにて候なり」

「懸車《けんしや》［車を懸ける］」とは、職を辞す時、天子《てんし》（皇帝）からいただいた車を高い所に懸けて、子孫に伝えるという『漢書《かんじよ》』に載《の》った言い伝えである。『信長公記』の筆者太田牛一の筆とはいえ、将軍義輝に対する最大級の敬意が表われている。

では、信秀の上位権力者に対する姿勢を見てみよう。

信秀は、守護代織田達勝と天文元（一五三二）年に戦った。しかし、じきに和睦、翌年には飛鳥井雅綱・山科言継を歓待している。その後、協力して那古野近辺や熱田の政務を行なうなど、二人は手を携《たずさ》えて尾張の支配を進めている。信秀は達勝を上位権力者として立てているし、達勝は達勝で実力者信秀を大切に扱っている様子である。

しかし、この関係も信秀と達勝という個人的な結び付きによるものだったのだろうか。達勝が清須内で実力を失った時、にわかに信秀と清須との間柄が険悪になる。守護代側のほうから、信秀に対して敵対行動に出てきた。そうなると、信秀は耐えることなく守護代に立ち向かった。

上位権力者を立てながら自分の権力を伸ばそうと努める。そして可能な限り、共存共栄を求めようとする。しかし、上位権力者が向かってきた場合は、それと戦うことを辞《じ》さない。四半世紀後の、信長と将軍義昭との関係とまさしく同じではないか。

宗教的権威への姿勢

イエズス会宣教師ルイス・フロイスは、信長について、その著作『日本史』で次のように評している。

「彼は善《よ》き理性と明晰《めいせき》な判断力を有《ゆう》し、神および仏のいっさいの礼拝、尊崇《そんすう》、ならびにあらゆる異教的占卜《せんぼく》や迷信的慣習の軽蔑者《けいべつ》であった」

「[信長は]霊魂の不滅、来世《らいせ》の賞罰などはないと見なした」

この証言から、現代に生きる我々は「信長は神も仏も信じない男だった」「信長は無神論者だった」と、とらえがちである。特に、寺院破壊、仏教徒の大量殺戮《さつりく》という事実により、「信長は神仏《しんぶつ》をも恐れぬ男」というイメージが作られているようである。

信長の行動は一見《いっけん》宗教否定のように見えるが、現代人の考える「無神論者」とは違う。信長は、仏教に対しても神道《しんとう》に対しても、それなりに理解を示し、寺院・神社の保護にも努めている。

キリスト教宣教師フロイスにとって、仏教は最大の敵である。しかも、書簡自体イエズス会の上司への報告だから、信長がいかに仏教を憎《にく》み、キリスト教に好意を寄せているかを、強調して記録することになる。フロイスの記述は、そうした事情を常に頭に置いて読まねばならない。

信長が仏教徒を大勢殺戮したことはまちがいない。しかし、彼は仏教そのものを弾圧したわけではない。敵対したから、討伐しただけである。忠節を尽《つ》くすならば保護する。敵対するならば弾圧する。これが信長の基本方針にほかならない。比叡山《ひえいざん》延暦寺をはじめとする寺院の焼き討ち、長島《ながしま》および越前の一向一揆の殲滅《せんめつ》、一〇年にわたる本願寺との戦争、高野聖《こうやひじり》の誅殺《ちゆうさつ》、いずれも敵対行為に対する報復である。

信長が上洛後まもない永禄十二(一五六九)年正月十六日付けで出した、幕府の「殿中御掟《でんちゆうおんおきて》」の「追加」の第一条には、次の通りに書かれている。

「寺社本所領《ほんじよりよう》、当知行《ちぎよう》の地、いわれなく押領《おうりよう》の儀、堅《かた》く停止《ちようじ》の事《こと》」

尾張一国時代も、信長は寺社の保護に努めていたが、上洛後もその姿勢は変わらない。幕府より発せられた寺社の所領を安堵する命令は、ことごとく信長によって保証されている。そして、その寺社保護の姿勢は、将軍の追放後も変化はなく、本能寺の変に至るまで信長自身の意思で続けられている。

とりわけ目を引くのは、信秀・信長父子による尾張の神社の保護である。尾張で織田氏と所縁《ゆかり》の深い神社と言えば、津島社と熱田社だが、両社とも信秀・信長の二代にわたって手厚い保護を受けている。信秀が津島社の神主《かんぬし》の窮乏《きゅうぼう》を救おうとしたことについては第二章第四節で述べたが、信長もまた神主の借金の返済を延期させるなど保護に努めている（『某氏所蔵文書』）。

信長は、武将化して二代にわたり戦死した熱田大宮司家の千秋氏を、祭祀《さいし》者の立場に戻してやっている（『千秋家文書』）。また、熱田神宮の境内《けいだい》にある信長塀《べい》は、桶狭間の戦いの勝利の礼として寄進されたものと伝わっている。

信長の領域が越前にまでおよぶようになると、同国丹生《にゅう》郡にある織田劔神社が支配下に属するようになる。この神社は織田氏の氏神とされるところである。信長は、課税を免除したり、社殿を修理したり、同社に特別の待遇を与えて保護に努めている（『劔神社文書』）。このような所縁の深い神社への保護の姿勢は、父信秀に倣《なら》ったものであろう。

信秀の神社保護の政策と言えば、伊勢神宮への多大な寄進についても、第二章第五節で述べた。七〇〇貫もの寄進により、外宮の仮殿遷宮が無事に行なわれたことである。

信長も天正九（一五八一）年、伊勢神宮御師上部貞永《うわべさだなが》の要請によって、内宮・外宮両宮の遷宮に乗り出した。しかも、上部の出した見積もりは一〇〇〇貫だったのに対し、なかなか予定通りにはいかないものだと言って三〇〇〇貫を約束し、さらに必要ならば申し出よと言い聞かせた。そして、三〇〇〇貫の銭は信忠を通じて、ただちに岐阜城から大湊《おおみなと》港に送られたという（『天正九年御遷宮日次』）。しかし、信長の進めた遷宮は本能寺の変で中断してしまい、のちに秀吉の手で挙行されることになる。

この通り、特に神社に対して並々ならぬ理解を示している信長だが、その姿勢は父信秀から受け継いだものである。

皇室への姿勢

信長と天皇・朝廷の関係（公武《こうぶ》関係）については、古くから日本史上で取り上げられてきたが、これほど時代によって見方が大幅に変化したテーマはない。しかも、ごく最近ですらも、信長像の見直しがなされつつあり、天皇・朝廷への対応についても検討されている。つまり、まだ流動的な論題なのである。

それでは、信長の時代の公武関係について、どのような評価の変遷があったのか。その経緯から解説することにしよう。

日本ではじめて実証主義史学が発達した、明治・大正期からの織田時代史研究において、田中義成《たなかよしなり》氏の功績は無視できない。田中氏から始まり、その流れを汲《く》む渡辺世祐《わたなべよすけ》氏、高名なジャーナリスト徳富蘇峰《とくとみそほう》氏など、大勢の研究家が信長について論じたが、信長＝「勤王家《きんのうか》」という評価で一致している。ただし、研究家諸氏は、信長が天皇を崇拝していたというよりも、その権威を統一事業に利用したという側面のほうが強い、という考えである。

その傾向が、昭和初期にはかなり異なってくる。信長の勤王事績のみが単純に宣伝されるいっぽう、そうしたテーマにあえて触れないという風潮ができてくる。そこには、軍国主義へと進む時代背景、およびそうした時代のなかで実証主義を貫《つらぬ》こうとする史学者の苦慮が感じ取られる。

第二次世界大戦以後、信長に対する見方は一八〇度転回する。なんと「勤王家」どころか、天皇・寺社などの古い権威を打倒しようとした「改革者」、中世を破壊して近世の扉《とびら》を開いた人物であると評価されるようになったのである。そのような評価はその後、ほぼ定着化していった。

一九七〇年代、織田政権の研究が飛躍的な高まりを見せるなか、奥野高廣氏が「織田政権の基本路線」という論考を発表し、信長は将軍位を切望していた、そしてそれに反対する正親町《おおぎまち》天皇と対立して、退位させようとしていた、という説を唱えた。それによって、信長の公武関係があらためて注目されるようになった。

一九八〇～一九九〇年代になっても、信長＝改革者という評価は依然として主流派だった。したがって、奥野氏たちの主張する公武対立説は学界の大多数に受け入れられていた。そして、改革者説と公武対立説が結び付いた末、信長は天皇大権《たいけん》を奪い取ろうとしていた、天皇以上の存在になろうとしていた、という論に流れていくのである。

この時期に書かれたもっとも注目すべき文献は、今谷明《いまたにあきら》氏の『信長と天皇』であろう。今谷氏は、自分の意のままにならない正親町天皇を屈服させようと策謀する信長を描いた。馬揃《うまぞろ》えという圧力や自己神格化。しかし、どれもうまくいかず、結局惨《みじ》めにも敗北。「信長の最大の敵は正親町天皇であった」というのが、同書の骨子《こつし》である。この頃が、公武対立説のもっとも盛んな時であった。

このように、公武対立説が学界の多数を占めてはいたものの、いっぽうにはその説の所々に疑問を感じていた研究家もかなり存在した。箇条書《かじょうが》きにすると、次のような疑問である。

①信長は、本当に正親町天皇を退位させようとしていたのだろうか。天皇のほうが譲位を望んでいたのではないのだろうか。

②馬揃えは、はたして天皇への圧力だったのだろうか。武力と別次元にいる天皇に、武力による圧力を加えても無意味ではないだろうか。

③武田氏討伐後のいわゆる「三職《さんしょく》推任」は、信長のほうから持ちかけたという説もあるが、それはありえないのではないだろうか。

④本能寺の変直前の自己神格化の祭典は、本当にあったことなのだろうか。掲載されているのはフロイスの書簡だけで、日本側の史料にはまったく記録がないのだが。

これらの疑問について、堀新《ほりしん》氏をはじめとする公武協調論者は、個々のテーマを取り上げて反論を行なった。反論のもとにあるのは、次のような意識である。

室町幕府、豊臣《とよとみ》政権と公武協調なのに、なぜその中間に位置する織田政権だけ公武対立として扱わねばならないのだろうか。一次史料を素直に読み込む限り、①〜④において公武対立の跡はうかがえないと思う（堀氏二〇一一年著書）。

つまり、公武対立説は信長＝改革者という思い込みから来た誤解にすぎないのではないかというのが、公武協調論者から見た疑問である。現在、その議論は終わらないながらも、信長像の見直しとともに、公武協調説が徐々に浸透《しんとう》しつつある。

信長と天皇・朝廷との関係をめぐる議論について、かなりのスペースを割《さ》いた。翻《ひるがえ》って、父信秀の天皇・朝廷に対する姿勢を見てみよう。

第二章第五節で述べた通り、たいへんな勤王家とされている。信秀が勤王家として知られているのは、ひとえに皇居修理費用として一〇万疋《びき》もの献金をしたゆえである。皇室の求めに応じて献金したり、物を献納したりする大名たちは多い。しかし、この時の信秀の一〇万疋というのは桁違《けたちが》いに巨額であった。

皇居修理と言えば、信長も行なっている。しかも、全面的な改修工事と言ってよい、念入りな修理で、まる二年間を費《つい》やした。その後も築地《ついじ》等、折《おり》につけ修理を加えさせている。信秀も信長も、勤王の精神から出た行動と即断することはできない。しかし、朝廷を保護しようという考えのもとに行なわれたことは、父子ともに共通であろう。

第四節　信秀と信長の比較　経済政策

信長の商工業政策

信長の商工業政策と言えば、とかく「楽市《らくいち》・楽座《らくざ》」が真っ先《まさき》に登場しがちであった。しかも、信長の革新性の代表的政策であるかのように語られることが多かった。だが、そうした傾向も次第にあらためられつつある。実際に、信長が自ら楽市・楽座を認めた制令、言い換えると座《ざ》を否定した命令は、次の三件しかない。

①永禄十一（一五六八）年九月、美濃加納《かのう》あて制札（円徳寺《えんとくじ》所蔵。185ページの写真）
②元亀三（一五七二）年九月、近江金森《かねがもり》あて条書（『善立寺《ぜんりゅうじ》文書』）
③天正五（一五七七）年六月、近江安土山下町あて掟書《おきてがき》（『近江八幡《おうみはちまん》市所蔵文書』）

これに対して、座を安堵したケースは枚挙にいとまがない。信長は、京都・堺などすでに商業の発達している都市では、座や有力商人に管轄させるほうが円滑に商業活動が展開するという考えであった。総括すれば、信長の基本的政策は座を安堵したうえで商業を活発化しようとするものであった、と言うべきだろう（脇田修《わきたおさむ》氏一九八七年著書）。

座や自治都市は秀吉の代《だい》で消滅させられるが、信長の置かれた状況下では、時期尚早《じきしょうそう》と判断したわけである。信長は合理主義者であり、かつ現実主義者なのである。

座の安堵政策でわかる通り、信長の経済政策については、誤解されていることも多々《たた》ある。信秀からの影響を語る前に、その他の信長の経済政策について整理しておきたい。

商工業を活発化させるためには、流通政策が大切である。信長は流通をスムーズにするため、交通政策に力を注《そそ》いだ。交通政策では、関所《せきしょ》を撤廃したこと、道路・橋などを整備したことが顕著《けんちょ》な実績である。

ほかには、撰銭令《えりぜにれい》を出して商取引をスムーズにしようとしたこと、但馬《たじま》にある生野《いくの》銀山を支配して銀の生産を進めたことなどが挙げられる。しかし、撰銭令に関しては、効果があったとは評価しがたい。

都市政策

前項で挙げた楽市・楽座の例③安土山下町あて掟書について、ここで考えてみたい。その第二条には、往《ゆ》き来《き》する商人は、ほかの街道を通らず、行き帰りとも安土で宿泊するように、と規定されている。また、第十三条には、近江での馬の売買はすべて安土にて行なうべし、と定められている。

安土で例外的に楽市が許可されたことと考え合わせ、この掟書の目的が安土城下町の振興にあったことが理解されるであろう。信長は安土の町を、活発な商業都市として発展させたかった。そして、安土山下町は信長の思惑《おもわく》通り、人口六〇〇〇ほどの、当時としては大きな町に発展したのである。

商業を活発化して都市の発展を図《はか》る。このような政策を、信長はどこから学んだのだろうか。幼い頃から父信秀の津島および熱田の町支配に接して、学習したことはまちがいない。では、津島と熱田の信秀の町支配を振り返ってみよう。

信秀は勝幡城を父より引き継いだ時、津島の町の支配も、ともに引き継いだ。津島は第二章第四節で説明した通り、港町であって門前町、かなり繁栄していた町である。古くから土地に根づいた多くの旧家《きゆうか》が力を持ち、富《とみ》を蓄《たくわ》えていた。信秀は、町ごと彼らを支配下に置くことによって、経済的にも豊かになったようである。

天文七（一五三八）年頃に那古野城を獲得すると、信秀はすぐにその南方に位置する熱田の町の掌握に乗り出す。ここも津島と同じく、港町で門前町という二面的性格を持つ都市である。豪族加藤家が町の商業活動を取り仕切っていた。信秀はこの加藤家の特権を保証しながら、自分の支配下に置くことに成功する。

信秀が伊勢神宮へ多額の寄進をしたり、禁裏修理に一〇万疋《びき》も献納したりする奉仕ができたのも、尾張の二大商業都市と言うべき津島・熱田を掌握していたからであろう。

信長は、津島・熱田の町の繁栄ぶりを見ながら育った。家督を継いでからは、津島の祖《そ》父《ぶ》江《え》氏・服部氏に対して、商業上の権益を認めた判物を発給している。そればかりか、信長は津島衆を自分の馬廻として用いている。服部氏・祖父江氏・恒河氏・河村氏・堀田氏・平野氏など、信長の側近として戦闘で手柄を立てたり、奉行として活躍したりする姿が『信長公記』に見られる。津島は、完全に弾正忠家の御膝元《おひざもと》になったのである。

熱田のほうは、加藤家に多くの文書が伝わっているので、信長との関係についてたどりやすい。それによると、信長は家督を継ぐとすぐに、加藤家の保護に努めている。徳政免除、国役《くにやく》免除、領知《りょうち》（土地の領有・支配）安堵のほか、さまざまな特権を保証している。

ちなみに信長と信勝との対立の時期には、信長が西加藤家のみに保護を加えているのに対し、信勝が東加藤家（本家）のほうと結んでいることが注目されるが、信勝を討ったあと、信長が東家を冷遇した形跡はない。両家とも均等に接している。

こうして、尾張の二大商業都市津島・熱田は、信秀から引き続き、信長の保護を受けて栄えることになる。

土地政策

信長は、その領国を広げていく過程で検地《けんち》を行なったが、のちの太閤《たいこう》検地のような徹底したものではなく、略式の検地、すなわち指出《さしだし》の形ですませたことが多い。本格的な検地は、天正五（一五七七）年に柴田勝家らの手で行なわれた越前の検地が最初である。東国大名北条氏では、永正三（一五〇六）年から検地が見られるから、遅れること約七〇年である。

また、数多くの信長発給文書が残存しながらも、村や農民支配に関係した文書は、禁制以外に見られない。そこから池上裕子《いけがみひろこ》氏は、「信長自身は百姓や村と正面から向き合おうとしなかった権力なのではないか」と疑問を投げかけ、さらに「信長には農政・民政がないのである」と断じている（池上氏二〇一二年著書）。

確かに、信長の土地政策をあたると、前時代の遺物である荘園との妥協《だきょう》が多く見られる。ひとつひとつの土地に重層的に積み重なっている権利である「加地子《かじし》」を否定するには至らず、たいていの場合、その取得権を認めている。信長が中世から逸脱《いつだつ》しきれなかったと評される一因がそこにある。この、言わば「農政の欠如」は、父信秀の治政《ちせい》に影響されたものかもしれない。

信秀の発給文書は、少ないながらも数十点伝わっている。それらのなかには、数点の安堵・宛行状《あてがいじょう》もある。しかし、それらの文面を見ると、「□□貫文」（尾張は石高《こくだか》制ではなく貫高《かんだか》制）という数値が一度も表われていない。たとえ指出という略式にしろ、検地らしいことがずっと行なわれていなかった証《あかし》であろう。

農政についてはほとんど顧《かえり》みず、商工業に力点《りきてん》を置いたというのが、信秀・信長父子の民政の特徴と言えるのではなかろうか。

終章

信秀の評価

木瓜《もっこう》桐《きり》文《もん》緋《ひ》羅《ら》紗《しゃ》陣羽織。織田家家紋を中央に、その下に五七桐《ごしちのきり》を配す。信長が羽柴秀吉に下賜《かし》と伝わる（大阪城天守閣所蔵）

父に学び、父を超えた信長

信長は、幼年時から父信秀に多くを学んだ。そして一九歳の時、父に死に別れて跡を継いだ。肉親や身内、外敵との度重《たびかさ》なる争い、弾正忠家の家督の道は当初、多難だったが、数年にわたる苦労を経《へ》て乗り切ることができた。いよいよ弾正忠家を背負って立つ身になった時、信長は父から学んだことを実行していった。

若年の信長が早速に実行したのは、次のような方針である。

①戦略面では、その時のニーズに応じて居城を移すこと。二年後に謀略によって清須城を乗っ取った信長は、早速そこに居城を移している。

②同じく戦略のひとつとして、戦いに際しては籠城を考えず、出撃して戦うこと。しかも信長は、間髪《かんはつ》を容《い》れずに出陣して、できるだけ居城と離れた位置で戦うようにしている。赤塚の戦い・萱津の戦いで、早くもその戦略は実行された。

③守護・守護代といった上位権力者に対しては、敬う姿勢をもって接すること。信長が家督を継いだ時、守護代はすでに敵方《てきがた》だったから、彼はその上の守護斯波氏に対して敬意を払い、味方として担《かつ》いでいる。ただし、父子ともに、たとえ上位権力者であっ

ても反抗してくるならば、戦うことを辞さない覚悟であることは一致している。信長は、守護斯波義銀をいったんは上位者として担いだけれど、彼が敵方に通じて反抗の姿勢を見せた時、容赦なく追放している。

④経済政策面では、商工業を重視し、都市の振興に力を入れたこと。もちろん港町で門前町である津島と熱田の商業と神社の保護政策については、信秀の政策をそのまま受け継いだ形である。

その後、信長は尾張一国にとどまらず、京都・畿内を制圧、さらに四方へ向かって版図《はんと》を広げていく。そして、①〜④の方針は版図の拡大、勢力の強大化にしたがい、大きく変化するのである。それぞれ、どのように変化したのであろうか。

①の居城移転戦略は、よりスケールを大きくして、なおも継続する。小牧山—岐阜—安土と、京都へ向かっていった。

②の間髪を容れない出撃作戦は、依然として変わらなかった。版図が広がるにつれて遠征が多くなったが、自ら出陣する場合、全軍が揃《そろ》うのを待たずに居城を出発するケースが何度もある。結局、生涯を通じて籠城は一度もなかった。最後に本能寺で戦ったのが、居《きょ》

所《しょ》に敵襲を受けた、最初で最後の経験である。
③の上位権力者に対する姿勢に関しては、信長と将軍足利義昭との関係について語らねばならない。信長は、義昭に対してけっして軽々《かるがる》しい態度で臨《のぞ》んではいない。それなりに敬意を持って接していた。しかし義昭のほうが譲らないため、最後は愛想を尽かして追放するという経緯をたどる。
④の経済政策では、信長は流通に力を入れて関所を撤廃し、道路・橋などを修築する。都市政策においても、京都・堺などの大都市の繁栄に努力している。信秀から学んだ商業重視の政策は、受け継ぐばかりでなく、その何十倍ものスケールに発展させ、かつ多面的な形に変化させている。
信長は①～④の方針を発展させるだけでなく、上洛以後の段階でも、信秀から学んだと思われる次のような政策を実行している。
⑤旧来の権威の代表として天皇・朝廷の存在がある。信秀は禁裏修理費用を献納したが、信長もまた禁裏修理を行ない、そのほか天皇・朝廷と融和政策を取って、その保護に努めている。

⑥同じく旧来の権威として大神宮や仏教の勢力がある。信長は信秀に倣《なら》って、伊勢神宮の遷宮に協力しようとしている。仏教に対しても、信秀・信長ともに、基本的には保護する姿勢である。ただ、仏教勢力への対応と言っても、一向一揆の勢力に対する姿勢は別である。信秀は尾張西端の一向一揆には手を出せず、敬遠《けいえん》の姿勢だったが、信長は軍事力が強大化しただけに、敢然《かんぜん》と戦いを挑《いど》んだ。そして苦戦を重ねた末、最後は殲滅《せんめつ》してしまう。

信長は父に学んだ。若い頃は、父に倣って実行に移していくことが多かった。しかし、父の実績を常に吟味《ぎんみ》することを怠《おこた》らなかった。実績で父を超えていく際、時には倣い、時には否定する。つまり、父を克服していったのが、信長の本領なのである。

信長がもっとも影響を受けたこと

以上述べてきた戦略および政策上の方針以前のことで、信長が父信秀から強い影響を受けたと思われることがある。それは、敗戦にもめげない精神である。

信秀は尾張国内に勢力を広げただけでなく、隣国美濃・三河へも進出していった。この勢いが常に順調だったわけではない。信長が十一歳の時、美濃へ攻め入って手痛い敗戦を喫《きっ》して、命からがら逃げ戻っている。しかし、信秀はまったく落胆することなく、堂々とした態度で客人の谷宗牧を迎えている（序参照）。

東方作戦にしても、最後は自分の疾患《しっかん》のせいもあり、今川氏の尾張進出を許してしまうが、それまでは、かの大戦国大名と互角《ごかく》の戦いを繰り返している。一時は、三河に深く入り込むほどの勢いを持ったこともあった。

信長も元亀年間（一五七〇～一五七三年）の苦闘をはじめ、数々の苦戦を経験している。それを乗り切って、全国の半分ほどまで統一できたのも、父信秀の一度や二度の敗戦にもめげない精神から学ぶところ大《だい》だったからだと見てよかろう。

天下人の父親

信長は今さら言うまでもなく、日本史上に大きな実績を残した人物である。そして長い間、中世を終わらせて近世を切り開いた「改革者」と位置づけられてきた。近年、そうした評価は見直されつつあるが、尾張半国の身から全国統一の完成直前まで進めた功績については、誰もが認めるところだろう。

信長をして、このような功績をなさしめたものは何か。

もちろん、信長という人物の資質に負うところも大きい。例を挙げれば、彼の果敢な行動力、慣習にとらわれない英知、言い換えれば、積極性および合理主義である。他の大名とは比較にならない積極性と合理主義が、信長の全国統一事業を進めさせたと言えよう。

では、彼の積極性と合理主義は、どこで養《やしな》われたのだろうか。尾張で父信秀のもとで育成された、と考えてよいのではなかろうか。ついでに言うならば、父の上昇志向も一緒に受け継いだと思う。信秀も、その上昇志向によって、一気に地位を向上させた人物だったからである。

多くの書籍に、信長の生家《せいか》は尾張の小大名にすぎなかった、と書かれている。しかし、これは信秀に対して失礼な表現である。信長の祖父、つまり信秀の父信貞の代《だい》までは、その通りかもしれない。だが、その信貞にしても、商業都市津島の掌握に努めることによって、織田弾正忠家の経済的基礎を築いたという功績がある。

その跡を継いだ信秀の代で、弾正忠家の勢力は一気に尾張随一の存在にまで上昇するのである。そして、勢力を拡大させていく信秀のもとで、少年信長は、商業を中心とした経済の力、積極的軍事作戦、外交の重要性など、さまざまなことを学んだ。それは一口《ひとくち》に言えば、現実に根ざした合理主義だった。

もちろん、信秀・信長父子の間は、常に良好ではなかっただろう。父の信秀は豪胆《ごうたん》な男だったようだし、息子の信長もやんちゃだったようだから、当然衝突はあったに違いない。しかし信長は、父の死後もその訓《おし》えの基本的なことは生かしている。

信長は秀吉と違って、出世双六《すごろく》のふりだしから第一歩を進めた人間ではない。父信秀の作った土台と訓えがあったからこそ、あの偉大な功績へ向かって進むことができたのである。そう考えると、信長の基礎を作った信秀という人物は、もっと注目されてもよいのではなかろうか。

おわりに

二十一世紀に入り、信長についての研究は飛躍的に進んだ。さまざまな分野の研究書も刊行された。まず、広く一般読者の興味をそそる本能寺の変関係の本、続いて、信長研究の基本史料『信長公記』関係の研究書、信長関連の城郭についての文献、さらに織田権力（信長政権）に関する研究書など、多くの分野で優れた業績が出された。そして二〇一四年には、空前とも言える信長本の出版ブームがあった。

こうした上《あ》げ潮《しお》のなか、筆者自身も多少はその一端を担ってきた自負はあるのだけれど、誇れるのは著書の数ばかりで、特に新しい成果を世に問《と》うたわけではない。そうしたなか、祥伝社の飯島英雄氏から、信長の父信秀に焦点をあてることで、新たな信長像を書いてほしい、とのお話があった。

信秀か……。マンネリ化していた自分の執筆活動に刺激を与えるには、格好のテーマかもしれない。

しかし、信秀を取り上げるには大きなネックがあった。言うまでもなく、信秀関係の史料が少ないことである。それについては、『尾張・織田一族』（新人物往来社）を書いた時にわかっていた。同書と違い、今度は主役である。限られた史料をもって、彼の実像を炙《あぶ》り出す自信がなかった。

だが、そうした障害を乗り越えて、私を駆《か》り立てるものがあった。それは、信長の政略について書いていた時、何度も思ったことである。信長の戦略にしろ、政策にしろ、父信秀から受け継いだものが、かなりあるのではなかろうか。そうだとしたら、信秀の信長に与えた影響力について考えることもおもしろいのではないか、という思いである。

幸《さいわ》い、『愛知県史』資料編10 中世3が二〇〇九年に発刊された。同書には、現在知られる限りの信秀関係の史料が網羅《もうら》されている。論考としては、一九九三年に横山住雄氏が『織田信長の系譜 信秀の生涯を追って』を出されている。これは、現在唯一の信秀の伝記である。『新修名古屋市史』2（一九九八年）、『新編安城市史』1通史編（二〇〇七年）など優れた自治体史にも、信秀の事績は断片的に伝えられている。

信秀を書くにあたり、これらの文献に負うところが大きかった。しかし、各論考はそれぞれの筆者の見解が異なるところが多く、信秀研究の難しさがあらためて感じられたことも率直に告白しておく。

苦戦しながらも書き進めると、次第に信秀という人物の輪郭が浮かび上がってくる。そして、仮説通り、信秀が信長にかなりの影響を与えたことが裏づけられるようになってきた。信秀は四〇歳あまりで死去したが、その精神はまちがいなく息子の信長に受け継がれた、ということである。

ようやく、信秀が信長に遺《のこ》した事柄《ことがら》についてまとめることができた。書き上がった原稿を読みながら、苦戦の跡《あと》を振り返ってみる。正直なところ、「牽強付会《けんきようふかい》かな」と感じるところがないわけではない。それについては最初に述べた通り、少ない史料から推測することが多かったためであり、ご理解いただきたい。最後に、出版にあたっていろいろと便宜《べんぎ》を図《はか》ってくださった、祥伝社の飯島英雄氏にお礼を申し上げたい。

平成二十九年三月

谷口克広《たにぐちかつひろ》

関連年表

西暦	年号	月日	事項
1511	永正8	この年ヵ	信秀、生まれる
1516	13	12月1日	信貞たち3人の連署状が出される
1521	大永元		信貞、この頃までに勝幡城を築く
1524	4		信貞、津島衆と戦う。その後、大橋家と婚姻関係を結び和睦。これにより、信貞の津島支配が進む
1526	6	3月	信貞、連歌師宗長を津島に迎え、歓待
		この年ヵ翌年	信貞、死去ヵ
1527	7	6月以前	信秀の母いぬ井、信秀あてに消息を出す
1533	天文2	4月29日	青山余三左衛門尉、一木村の散在地をめぐり妙興寺と争う→12月26日、信秀、裁定を下す
		7月8日	飛鳥井雅綱・山科言継、勝幡城を訪問→8月20日、飛鳥井・山科、清須を出発、帰京
1534	3	5月	信長、勝幡城に生まれる
1535	4	12月5日	松平清康、守山で家臣に討たれる(守山崩れ)
1538	7		信秀、那古野城を奪取し改築、移転
1540	9	6月6日ヵ	織田軍と松平軍、安城城をめぐり交戦→その後、信秀、安城城を攻略
			信秀、万松寺を建立
1541	10	9月26日	信秀の寄進により、伊勢神宮外宮の仮殿遷宮が行なわれる
1542	11	8月10日	(第一次)小豆坂の戦いヵ
1543	12	1月22日	信秀の献納により、皇居の修理開始
		この年ヵ	信秀、水野信元と同盟
1544	13	9月22日	信秀、朝倉軍とともに稲葉山城を攻め、敗北

1546	15	11月	信秀、那古野城に谷宗牧の訪問を受ける
		この年ヵ	信秀、那古野城を信長に譲り、古渡城に移る
			信長、元服
1547	16	この年ヵ	信秀、岡崎城を陥落し、三河深く攻め込む
			信長、初陣で三河吉良・大浜に出陣
1548	17	3月11日	北条氏康、信秀あてに書状を書く
		3月19日	(第二次)小豆坂の戦い
		11月上旬	斎藤・六角軍、大垣城を攻囲→11月17日、信秀、後巻きを出す
		11月20日	清須衆、古渡城を攻囲→翌年、和睦
1549	18	春ヵ	信長、斎藤道三の娘(濃姫)と結婚
		11月以前	信秀、末盛城に移る
		11月	今川軍、安城城を陥落し、城将信広が捕虜に→この後、信広と松平竹千代が交換
		11月	信長の初見文書(熱田八カ村あて制札)
1550	19	8月	今川軍、尾張に攻め込む→12月まで知多郡に在陣
1551	20	6月28日	将軍足利義藤、織田・今川和睦のために動く
1552	21	3月3日	信秀、末盛城にて病没
		4月17日	赤塚の戦い
		6月22日	斎藤道三、織田秀敏に書状を送る
		8月16日	萱津の戦い
1553	22	閏1月13日	平手政秀、切腹
		4月下旬	信長と斎藤道三、聖徳寺で会見
		7月12日	守護斯波義統、清須城内で殺害される
1554	23	1月24日	信長、美濃兵に那古野城の留守をさせ、村木砦を攻略
		4月20日	信長、信光と謀り、清須城を乗っ取る
		11月26日	信光、家臣に殺害される
1555	弘治元	6月26日	織田信次家臣、秀孝を誤殺→信次、守山城を出奔

西暦	年号	月日	事項
1556	弘治2	4月20日	斎藤道三、子義龍と戦い、敗死
		8月24日	信長、稲生で、信勝方の林・柴田軍を破る
1558	永禄元	11月2日	信長、信勝を清須城に招いて殺害
1559	2	春ヵ	信長、岩倉城を攻略
		2月2日	信長、上洛し、将軍足利義輝に謁見
1560	3	5月19日	信長、桶狭間の戦いで、今川義元を破る
1561	4	5月	信長、美濃侵攻を開始
1563	6	2月ヵ	信長、小牧山城に移る→その後、中美濃から侵略開始
1565	8	5月19日	将軍足利義輝、三好三人衆らに殺害される
1567	10	8月15日	信長、稲葉山城を攻略
		11月	信長、はじめて「天下布武」の印章を用いる
1568	11	9月26日	信長、足利義昭を奉じて上洛→10月、畿内を平定
1570	元亀元	4月25日	信長、越前に攻め込む→30日、浅井氏離反により、京都に戻る
		6月28日	信長、姉川の戦いで、朝倉・浅井軍を破る
		9月12日	本願寺、突然敵対し、信長軍を攻撃
		9月24日	信長軍、比叡山麓に着陣、山頂の朝倉・浅井軍と対峙(志賀の陣)→12月13日、和睦が成立
1571	2	9月12日	信長、坂本・延暦寺を焼き討ち
1572	3	9月	信長、十七カ条の異見書を将軍足利義昭に送る
		12月22日	織田・徳川軍、三方原で武田信玄に敗北
1573	天正元	4月4日	信長、上洛して将軍御所を攻撃→7日、勅命により講和
		7月18日	信長、槇島城を攻略、将軍足利義昭を追放
		8月13日	信長、朝倉軍を追撃→20日、朝倉氏滅亡→9月1日、浅井氏滅亡
1574	2	9月29日	信長、長島の一向一揆を殲滅
1575	3	5月21日	信長、長篠の戦いで、武田勝頼を破る

		8月15日	信長、越前に出陣、一向一揆を攻撃↓8～9月、殲滅戦を継続
		11月4日	信長、従三位権大納言に叙任↓7日、右大将を兼任
		11月28日	信長、嫡男信忠に織田家の家督を譲る
1576	4	2月23日	信長、安土城に移る
		4月	信長、本願寺攻めの軍を派遣↓5月、敗北、自ら出陣して危機を脱する
			柴田勝家の加賀攻め、佐久間信盛の大坂攻め始まる(いわゆる「方面軍」の始まり)
1577	5	10月下旬	羽柴秀吉、播磨に入国↓この後、毛利方と交戦
		11月20日	信長、右大臣に任官
1578	6	2月	播磨の別所氏、信長に背く
		4月9日	信長、右大臣・右近衛大将の官を辞す
		10月下旬	荒木村重の謀反の報が信長に届く↓11月9日、信長自ら出陣
		11月6日	九鬼水軍、毛利方水軍を木津川口の海戦で破る
1579	7	5月27日	安土宗論↓この後、信長、日蓮宗を弾圧
		10月	明智光秀、丹波・丹後を平定
		11月19日	有岡城開城↓12月、信長、荒木一族郎党を処刑
1580	8	1月17日	羽柴秀吉、三木城を開城↓この後、播磨を平定
		閏3月5日	信長、本願寺と講和↓4月9日、顕如、大坂を退去↓8月2日、教如、大坂を退去、本願寺焼亡
		8月	信長、佐久間信盛・林秀貞らを追放
		11月	柴田勝家、加賀を平定
1581	9	2月28日	信長、京都において馬揃えを行なう
		10月25日	羽柴秀吉、鳥取城を攻略
1582	10	2月	信忠軍、武田攻めを開始↓3月11日、武田勝頼自害、武田氏滅亡
		5月4日	信長、安土で三職推任の勅使を受ける
		6月2日	信長・信忠、明智光秀の襲撃を受け、自害(本能寺の変)

主要参考文献

史料

『愛知県史』資料編10　中世3　愛知県　二〇〇九年
『愛知県史』資料編11　織豊1　愛知県　二〇〇三年
『愛知県史』資料編14　中世・織豊　愛知県　二〇一四年
『増訂　織田信長文書の研究』上・下・補遺索引　奥野高廣著　吉川弘文館　一九八八年
『信長公記』（角川文庫）太田牛一著、奥野高廣・岩沢愿彦校注　角川書店　一九六九年
『言継卿記』山科言継著、太田藤四郎編　太洋社　一九四一年
『御湯殿の上の日記』（『続群書類従』補遺3）
『多聞院日記』多聞院英俊著、辻善之助編　角川書店　一九六七年
『証如上人日記』（『石山本願寺日記』上）証如著、上松寅三編纂校訂　清文堂出版　一九六六年
『イエズス会日本年報』上・下（新異国叢書）柳谷武夫編、村上直次郎訳　雄松堂書店　一九六九年
『織田系図』（『続群書類従』6上）
『系図纂要』宝月圭吾・岩沢愿彦監修　名著出版　一九七三年
『寛永諸家系図伝』斎木一馬ほか校訂　続群書類従完成会　一九八〇年～

『寛政重修諸家譜』高柳光壽ほか校訂　続群書類従完成会　一九六四年〜
『東国紀行』（『群書類従』18）谷宗牧著
『美濃路紀行』（『続群書類従』18下）兎庵著
『宗長手記』（『群書類従』18）宗長著
『定光寺年代記』（『瀬戸市史』資料編所収）瀬戸市史編纂委員会編纂　瀬戸市　二〇〇六年
『（甫庵）信長記』小瀬甫庵著、国民文庫刊行会編　国民文庫刊行会　一九一〇年
『松平記』（『三河文献集成』中世編）久曽神昇編　国書刊行会　一九八〇年
『三河物語』（戦国史料叢書6『家康史料集』）大久保忠教著、小野信二校注　人物往来社　一九六五年
『江濃記』（『群書類従』21）
『土岐斎藤軍記』（『続群書類従』21下）
『名古屋合戦記』（『続群書類従』21上）
『張州雑志』内藤東甫著　愛知県郷土資料刊行会　一九七五年〜
『尾張志』上・下　深田正韶著　歴史図書社　一九六九年
『尾陽雑記』2・5（『尾三郷土史料叢書』2）愛知県教育会　一九三二年
『尾張徇行記1　那古野府城志』樋口好古著、名古屋市蓬左文庫編　愛知県郷土資料刊行会　一九七六年
『美濃国諸旧記』（国史叢書）黒川真道編　国史研究会　一九一五年

『神宮遷宮記』神宮司庁編　国書刊行会　一九九二年〜
『織田家雑録』東京大学史料編纂所蔵写本
『箕水諰録』東京大学史料編纂所蔵写本

自治体史

『岐阜県史』通史編　近世上　岐阜県　一九六八年
『岐阜県史』通史編　中世　岐阜県　一九六九年
『岐阜市史』通史編　原始・古代・中世　岐阜市　一九八〇年
『岐阜市史』通史編　近世　岐阜市　一九八一年
『岡崎市史別巻　徳川家康と其周囲』上　柴田顕正編　岡崎市　一九三四年
『新編岡崎市史』２中世　新編岡崎市史編さん委員会　一九八九年
『新修名古屋市史』２　名古屋市　一九九八年
『新編東浦町誌』本文編　東浦町　一九九八年
『新編安城市史』１通史編　安城市　二〇〇七年

著書・論文

愛知県教育委員会編『中世城館跡調査報告』1　愛知県教育委員会　一九九一年
青木忠夫「織田信秀の葬儀と『大雲語録』—秉炬法語を中心にして」『同朋大学仏教文化研究所紀要』28　二〇〇八年
青山市太郎『織田信秀公と万松寺』伊藤寛一　一九五二年
秋田裕毅『織田信長と安土城』創元社　一九九〇年
新井喜久夫「織田系譜に関する覚書」『清洲町史』清洲町　一九六九年
新井喜久夫「出自」『織田信長事典』新人物往来社　一九八九年
有光友學『今川義元』（人物叢書）吉川弘文館　二〇〇八年
井口友治「安祥落城に関する一考察—信秀による西三河攻略」『天下布武』15　二〇〇一年
池上裕子『織田信長』（人物叢書）吉川弘文館　二〇一二年
稲本紀昭「〔史料紹介〕国立公文書館蔵『天正九年御遷宮日次』『慶長御遷宮日次』」『三重県史研究』18　二〇〇三年
今谷明『信長と天皇』（講談社現代新書）講談社　一九九二年
岡田正人「濃姫は生きていた!!　大徳寺総見院で墓を発見」『歴史読本』一九九二年三月号
岡田正人『織田信長総合事典』雄山閣　一九九九年
奥野高廣「三郎殿様」『日本歴史』239　一九六八年

奥野高廣「織田政権の基本路線」『国史学』100　一九七六年
奥野高廣『戦国時代の宮廷生活』続群書類従完成会　二〇〇四年
勝俣鎮夫「戦国時代の美濃」『戦国時代論』岩波書店　一九九六年
加藤理文『織田信長の城』（講談社現代新書）講談社　二〇一六年
木下聡「美濃斎藤氏の系譜と動向」『美濃斎藤氏』（論集　戦国大名と国衆16）岩田書院　二〇一四年
岐阜市歴史博物館編『道三から信長へ』岐阜市歴史博物館　二〇〇六年
小島広次「勝幡系織田氏と津島衆―織田政権の性格をさぐるために」『名古屋大学日本史論集』下　一九七五年
小島広次「信長以前の織田氏」『歴史手帖』3―12　一九七五年
下村信博「勝幡城／那古野城―戦国期尾張のただなかで」『天下人の城』風媒社　二〇一二年
鈴木正貫「信長と尾張の城下町」『信長の城下町』高志書院　二〇〇八年
千田嘉博『信長の城』（岩波新書）岩波書店　二〇一三年
千田嘉博「近世城郭の成立―安土城の歴史的意義を考える」『城から見た信長』（奈良大ブックレット）ナカニシヤ出版　二〇一五年
谷口克広『信長の親衛隊』（中公新書）中央公論社　一九九八年
谷口克広「信長の兄弟と息子の出生順」『愛知県史のしおり』愛知県　二〇〇三年

谷口克広『信長軍の司令官』（中公新書）中央公論新社　二〇〇五年
谷口克広『信長の天下布武への道』（戦争の日本史13）吉川弘文館　二〇〇六年
谷口克広『尾張・織田一族』新人物往来社　二〇〇八年
谷口克広『信長の政略』学研パブリッシング　二〇一三年
谷口克広『織田信長の外交』（祥伝社新書）祥伝社　二〇一五年
鳥居和之「織田信秀の尾張支配」『名古屋市博物館研究紀要』19　一九九六年
南山大学古渡城発掘調査会編『古渡城遺跡発掘調査報告書』南山大学古渡城発掘調査会　一九九三年
橋詰茂「織田政権成立過程における尾張領国支配」『戦国の兵士と農民』角川書店　一九七八年
万松寺編『亀山志　名古屋万松寺史』亀山志刊行会　一九三二年
樋田豊「津島衆について—近世初期の人びと」『津島市史』5通史編　津島市教育委員会　一九七五年
平野明夫『三河　松平一族』新人物往来社　二〇〇二年
深井甚三・本郷真紹・久保尚文・市川文彦『富山県の歴史』（県史16）山川出版社　一九九七年
藤本元啓『中世熱田社の構造と展開』続群書類従完成会　二〇〇三年
堀新『織豊期王権論』（歴史科学叢書）校倉書房　二〇一一年
松田訓「那古野」『守護所と戦国城下町』高志書院　二〇〇六年
村岡幹生「今川氏の尾張進出と弘治年間前後の織田信長・織田信勝」『愛知県史研究』15　二〇一一年

村岡幹生「織田信秀岡崎攻落考証」『中京大学文学会論叢』1　二〇一五年
ユルン・ラメルス「織田信長の誕生日について」『ヒストリア』140　一九九三年
横山住雄「那古野城の興亡」『城』50　一九六九年
横山住雄『織田信長の系譜　信秀の生涯を追って』教育出版文化協会　一九九三年
横山住雄「濃姫の死去の時と場所をめぐって」『郷土文化』62-1　二〇〇七年
横山住雄「濃姫の死去の時と場所をめぐって（続）」『郷土文化』63-1　二〇〇八年
横山住雄『織田信長の尾張時代』（中世武士選書10）戎光祥出版　二〇一二年
横山住雄『斎藤道三と義龍・龍興』（中世武士選書29）戎光祥出版　二〇一五年
脇田修「統一権力の都市・商業政策」『近世封建制成立史論』東京大学出版会　一九七七年
脇田修『織田信長』（中公新書）中央公論社　一九八七年

切りとり線

★読者のみなさまにお願い

この本をお読みになって、どんな感想をお持ちでしょうか。祥伝社のホームページから書評をお送りいただけたら、ありがたく存じます。今後の企画の参考にさせていただきます。また、次ページの原稿用紙を切り取り、左記まで郵送していただいても結構です。

お寄せいただいた書評は、ご了解のうえ新聞・雑誌などを通じて紹介させていただくこともあります。採用の場合は、特製図書カードを差しあげます。

なお、ご記入いただいたお名前、ご住所、ご連絡先等は、書評紹介の事前了解、謝礼のお届け以外の目的で利用することはありません。また、それらの情報を6カ月を越えて保管することもありません。

〒101-8701（お手紙は郵便番号だけで届きます）
祥伝社新書編集部
電話03（3265）2310
祥伝社ホームページ　http://www.shodensha.co.jp/bookreview/

★本書の購買動機（新聞名か雑誌名、あるいは○をつけてください）

＿＿＿＿新聞の広告を見て	＿＿＿＿誌の広告を見て	＿＿＿＿新聞の書評を見て	＿＿＿＿誌の書評を見て	書店で見かけて	知人のすすめで

★100字書評……天下人の父・織田信秀

名前

住所

年齢

職業

谷口克広　たにぐち・かつひろ

戦国史研究家。1943年、北海道室蘭市生まれ。横浜国立大学教育学部歴史科卒業。横浜市役所、港区立港南中学校教諭、岐阜市信長資料集編集委員会委員などを経て、現在に至る。戦国史、なかでも織田信長に関する研究を一貫して継続。著作『織田信長家臣人名辞典』は信長に仕えたすべての家臣1458人を網羅、研究者からも引用される大著。他に『織田信長合戦全録』『信長軍の司令官』『信長の天下布武への道』『検証　本能寺の変』『織田信長の外交』など。

天下人《てんかびと》の父《ちち》・織田信秀《おだのぶひで》
——信長《のぶなが》は何《なに》を学《まな》び、受《う》け継《つ》いだのか

谷口克広《たにぐちかつひろ》

2017年4月10日　初版第1刷発行

発行者……………辻 浩明
発行所……………祥伝社しょうでんしゃ
〒101-8701　東京都千代田区神田神保町3-3
電話　03(3265)2081(販売部)
電話　03(3265)2310(編集部)
電話　03(3265)3622(業務部)
ホームページ　http://www.shodensha.co.jp/

装丁者……………盛川和洋
印刷所……………萩原印刷
製本所……………ナショナル製本

Printed in Japan　ISBN978-4-396-11501-2　C0221

〈祥伝社新書〉
中世・近世史

278
源氏と平家の誕生
なぜ、源平の二氏が現われ、天皇と貴族の世を覆《くつがえ》したのか？
関 裕二

054
山本勘助とは何者か 信玄に重用された理由
軍師か、忍《しの》びか、名もなき一兵卒か。架空説を排し、その実像を明らかにする
作家 江宮隆之

442
織田信長の外交
外交にこそ、信長の特徴がある！　信長が恐れた、ふたりの人物とは？
戦国史研究家 谷口克広

232
戦国の古戦場を歩く
古地図、現代地図と共に戦闘の推移を解説。30の激戦地がよみがえる！
作家 井沢元彦 監修

484
古文書に見る江戸犯罪考
信憑性《しんぴょうせい》の高い史料を基《もと》に、江戸時代の犯罪と刑罰を明らかにする。
歴史学者 氏《うじ》家《いえ》幹人

〈祥伝社新書〉
昭和史

460
石原莞爾の世界戦略構想
希代の戦略家にて昭和陸軍の最重要人物、その思想と行動を徹底分析する
日本福祉大学教授 川田 稔

344
蔣介石の密使 辻政信
二〇〇五年のCIA文書公開で明らかになった驚愕《きょうがく》の真実！
近代史研究家 渡辺 望《のぞむ》

429
日米開戦 陸軍の勝算
「秋丸機関」の最終報告書
「秋丸機関」と呼ばれた陸軍省戦争経済研究班が出した結論とは？
昭和史研究家 林 千《ち》勝《かつ》

332
北海道を守った占《しゅむ》守《しゅ》島《とう》の戦い
終戦から3日後、なぜソ連は北千島に侵攻したのか？ 知られざる戦闘に迫る
自由主義史観研究会理事 上原 卓《たかし》

392
海戦史に学ぶ
名著復刊！ 幕末から太平洋戦争までの日本の海戦などから、歴史の教訓を得る
元・防衛大学校教授 野村 實《みのる》

〈祥伝社新書〉
経済を知る

402
大学生に語る 資本主義の200年
マルクス思想の専門家が「資本主義の正体」をさまざまな視点から解き明かす
神奈川大学教授 的《まと》場《ば》昭《あき》弘《ひろ》

111
超訳『資本論』
貧困も、バブルも、恐慌も——マルクスは『資本論』の中に書いていた！
的場昭弘

151
ヒトラーの経済政策 世界恐慌からの奇跡的な復興
有給休暇、がん検診、禁煙運動、食の安全、公務員の天下り禁止……
ノンフィクション作家 武田知弘

203
ヒトラーとケインズ いかに大恐慌を克服するか
ヒトラーはケインズ理論を実行し、経済を復興させた。そのメカニズムを検証する
武田知弘

343
なぜ、バブルは繰《く》り返されるか？
バブル形成と崩壊のメカニズムを経済予測の専門家がわかりやすく解説
久留米大学教授 塚崎公《きみ》義《よし》

〈祥伝社新書〉
経済を知る

390
退職金貧乏
定年後の「お金」の話
長生きとインフレに備える。すぐに始められる「運用マニュアル」つき！
不動産コンサルタント
塚崎公義

371
空き家問題
1000万戸の衝撃
毎年20万戸ずつ増加し、二〇二〇年には1000万戸に達する！　日本の未来は？
不動産コンサルタント
牧野知弘

483
水素エネルギーで甦《よみがえ》る技術大国・日本
水素を制する国は、世界を制す！　米中より優位に立つ日本が取るべき道とは？
技術評論家
森谷《もりたに》正規《まさのり》

394
ロボット革命
なぜグーグルとアマゾンが投資するのか
人間の仕事はロボットに奪われるのか？　現場から見える未来の姿
大阪工業大学教授
本田幸夫

478
新富裕層の研究
日本経済を変える新たな仕組み
新富裕層はどのようにして生まれ、富《とみ》のルールはどう変わったのか？
経済評論家
加谷《かや》珪一《けいいち》

〈祥伝社新書〉
歴史に学ぶ

366
はじめて読む人のローマ史1200年
建国から西ローマ帝国の滅亡まで、この1冊でわかる！
早稲田大学特任教授
本村凌二

463
ローマ帝国 人物列伝
賢帝、愚帝、医学者、宗教家など32人の生涯でたどるローマ史1200年
本村凌二

361
国家とエネルギーと戦争
日本はふたたび道を誤るのか。深い洞察から書かれた、警世の書
上智大学名誉教授
渡部昇一

379
国家の盛衰 3000年の歴史に学ぶ
覇権国家の興隆と衰退から、国家が生き残るための教訓を導き出す！
渡部昇一
本村凌二

351
英国人記者が見た
連合国戦勝史観の虚妄
滞日50年のジャーナリストは、なぜ歴史観を変えたのか？ 画期的な戦後論の誕生！
ジャーナリスト
ヘンリー・S・ストークス